W0180480

Ursel Maichle-Schmitt

Wundersame Orte der Stille und Kraft

Ursel Maichle-Schmitt

Wundersame Orte der Stille und Kraft

Ein Wegweiser für die Schwäbische Alb, den Alb-Donau-Kreis und Tübingen

Oertel+Spörer

Bibliografische Information der Deutschen Nationalbibliothek
Die Deutsche Nationalbibliothek verzeichnet diese Publikation in der Deutschen Nationalbibliografie; detaillierte bibliografische Daten sind im Internet über http://dnb.d-nb.de abrufbar.

© Oertel+Spörer Verlags-GmbH+Co.KG – 2007
Postfach 16 42, 72706 Reutlingen
Alle Rechte vorbehalten
Schrift: 9/12 p ITC Officina Sans
Gestaltung und Satz: büro maichle-schmitt, Bremelau
Druck und Bindung: Oertel+Spörer Druck und Medien-GmbH+Co., Riederich
Printed in Germany

ISBN: 978-3-88627-418-5

Inhalt

Ein indianischer Häuptling sagte zu einem Weißen:
„Ach, mein Bruder, du wirst nie das Glück kennen
lernen, nichts zu denken und nichts zu tun; dies ist
nächst dem Schlafe das Allerentzückendste.

So waren wir vor der Geburt, so werden wir nach
dem Tode sein. Wir dagegen leben nur der Gegenwart; die Vergangenheit ist nichts wie Rauch, den
der Wind vertreibt; die Zukunft aber, wo ist sie?
Da sie noch nicht gekommen ist, werden wir sie
vielleicht nie sehen.

Laßt uns also den heutigen Tag genießen;
morgen wird er schon weit von uns sein."

Michel Guillaume Jean de Crevecoeur (1735 – 1813)

Inhalt

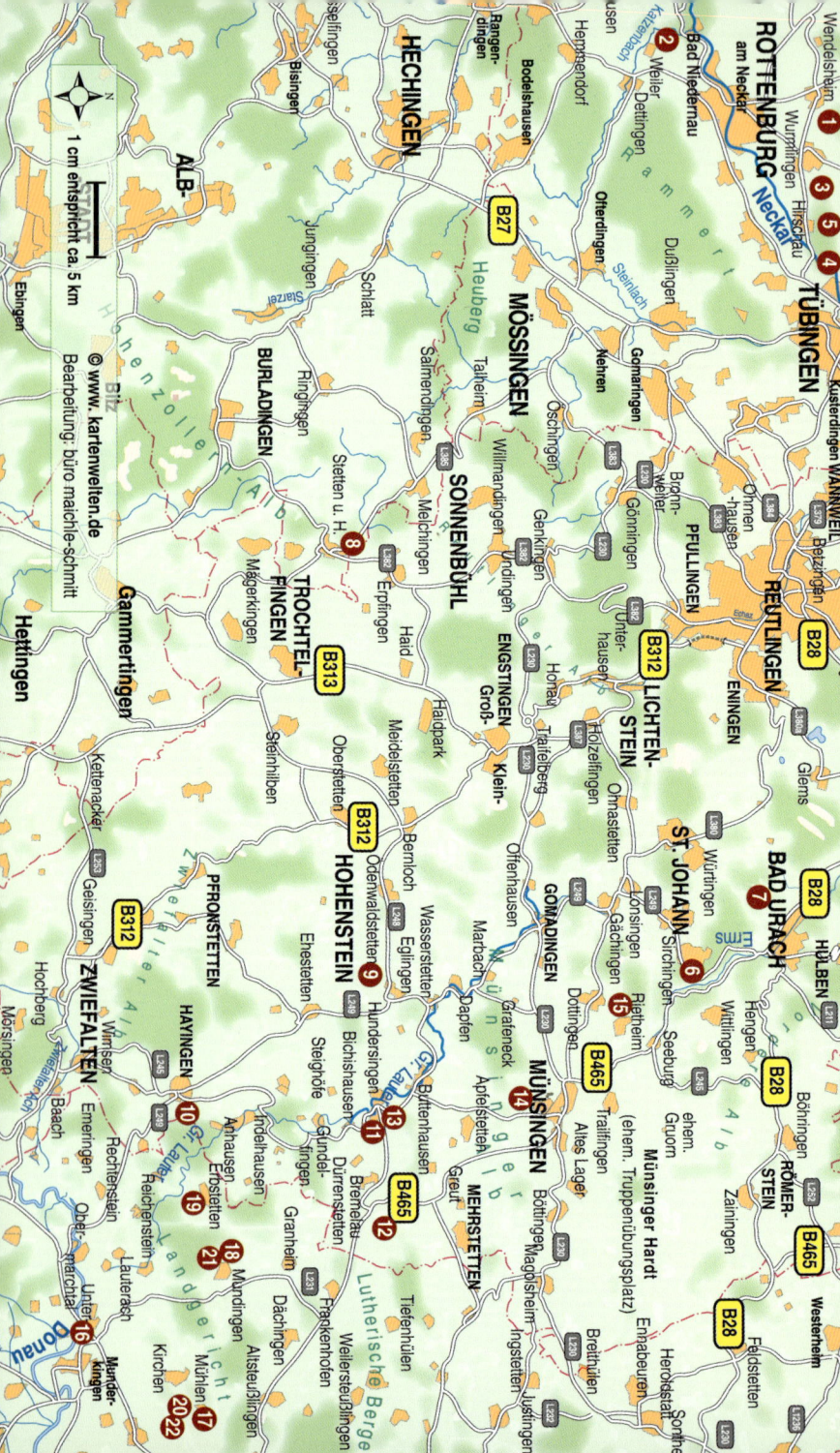

Kartentipps

Kartenblätter

W18 Wanderkarte Tübingen Rottenburg, Maßstab 1:35 000
Gebiet: Gärtringen, Schönaich Bonlanden, Ammerbuch, Tübingen,
Mittelstadt, Rottenburg, Reutlingen, Hirrlingen, Mössingen,
Lichtenstein.
ISBN keine, Ausgabe2006

WRT Wanderkarte Reutlingen Bad Urach, Maßstab 1:35 000
Gebiet: Plattenhardt, Nürtingen, Kirchheim, Kirchentellinsfurt,
Metzingen, Neuffen, Schopfloch, Reutlingen, Bad Urach, Undingen,
Gomadingen, Münsingen
ISBN 978-3-89021-752-9, Ausgabe 2006

WEH Wanderkarte Ehingen Münsingen, Maßstab 1:35 000
Gebiet: Bad Urach, Laichingen, Gomadingen Mehrstetten, Münsingen,
Schelklingen, Hayingen, Ehingen/Donau, Munderkingen.
ISBN 978-3-89021-753-6, Ausgabe 2006

DVD Baden-Württemberg 3D Version 2.0 - Topographische Karte
Topographische Karten 1:25.000 des Landesvermessungsamtes
Baden-Württemberg 3D. Set
ISBN 978-3-935603-61-4, 2 DVD-ROMs: Nord + Süd

Weitere Informationen zu topografischen Karten erhalten Sie auf der
Webseite des Landesvermessungsamtes des Landes Baden-Württemberg: www.lv-bw.de

Vorwort

Wundersame Orte der Stille und Kraft erzählen von meinen Begegnungen und Erlebnissen an besonderen Orten, die ich im Laufe meiner inneren und äußeren Wege durch das Albvorland und über die Alb kennen lernen durfte. Es sind Orte meiner Erinnerung, die ich nach vielen Jahren erstmals wieder besuchte, und es sind Orte, die mir ein intensives Gefühl des Wohlseins vermitteln.

Oft werde ich gefragt wie ich diese besonderen Orte und Stätten finde. Viele Hinweise entdecke ich in alten Büchern, in Oberamtsbeschreibungen, in Volkssagen und in Flurnamen auf Landkarten. Immer wieder erzählen mir auch andere Menschen von ihren besonderen Plätzen. Wenn ich dann einen dieser Orte aufsuche, spüre ich meist sofort, was an diesem Platz lebt, welche Ausstrahlung dieser Platz hat. Ich spüre es im Bauch, an meinen Händen, manchmal bis in die Haarspitzen. Dieses „Fühlen" habe ich nie gelernt und ich glaube es steckt in fast jedem Menschen, wenn er sich mit allen Sinnen für einen Ort öffnet.

Viele dieser wundersamen Plätze werden seit Tausenden von Jahren von Menschen aufgesucht, die sich zurückziehen und mit sich selbst allein sein möchten. An diesen Orten suchten schon unsere Vorfahren ihr seelisches Gleichgewicht, ihre innere Kraft und Spiritualität. Für mich sind es auch Plätze, an denen ich die Vielzahl von Sinneseindrücken, Begegnungen und Erlebnisse meines Alltags sortieren kann.

Immer wieder begegne ich Menschen nur flüchtig, im Vorübergehen, und spüre erst wenn ich mit mir alleine bin, wie wertvoll dieses kurze Zusammentreffen war. An vielen Tagen habe ich das Gefühl, ich kann niemandem gerecht werden. Zuviel stürmt auf mich ein, ein Termin jagt den anderen, von allen Seiten wird an mir gezogen. Ich habe ein schlechtes Gewissen gegenüber meinen Kindern, in der Küche herrscht Chaos, das Telefon klingelt, und eigentlich sollte ich schon lange aus dem Haus sein, um tausend Dinge zu erledigen. Abends sitze ich dann erschöpft am Tisch und weiß eigentlich nicht mehr, was ich an diesem Tag alles geschafft habe. Es gibt immer wieder Momente, in denen ich mich endlos nach ein paar Minuten Flucht in den Schlaf oder nach einem stillen Ort sehne. Dann ist es an der Zeit für mich, hinaus zu gehen und zu mir selbst zurückzukehren. Mit jedem Schritt fühle ich, wie die äußere Welt zurückweicht und sich die Ruhe um mich herum ausbreitet. Nur noch die Geräusche des Waldes, des Wassers, des Windes und der Tiere dringen an mein Ohr und legen sich wie ein Schutzmantel um mich. Ich gehe diesen Weg in die Stille ganz bewusst. Es ist kein beliebiger Spaziergang oder ein zielloses Dahinschlendern. Jeder Schritt führt mich zu mir.

Wenn ich dann innehalte und meinen Kraftort gefunden habe, lasse ich meinen Gedanken freien Lauf. Dabei ist es für mich wichtig, nicht zu grübeln und den Gedanken nachzuhängen, sondern sie gehen zu lassen. Es ist ein Gefühl, als betrachtete ich die Bilder und Worte in mir von außen. Ich drehe und wende sie, spüre Heiterkeit, Schmerz, vielleicht auch Trauer und Wut und lasse sie dann gehen, um Platz für Neues in mir zu schaffen. Die Leere in mir hat in solchen Momenten etwas Wohltuendes, Heilendes für mich. Es ist beinahe ein Gefühl wie nach dem Fasten oder nach einer großen anstrengenden Leistung. Zufriedenheit breitet sich in mir aus. In solchen, durchaus auch euphorischen Momenten, ist die Versuchung groß, alles umkrempeln zu wollen. Ab morgen habe ich mehr Zeit für die Kinder, mache ich einen Plan für die Küchenarbeit und arbeite nur noch die Hälfte. Wie oft bin ich an diesen Vorsätzen bereits gescheitert?

Wundersame Orte der Stille und Kraft befinden sich im Hier und Jetzt. Wenn ich das Gefühl habe, jemanden verletzt zu haben, oder zu wenig Zeit für diesen Menschen hatte, kann ich das rückwirkend nicht mehr ändern. Wenn ich selbst verletzt wurde, liegt auch das bereits in der Vergangenheit. Unwiderruflich! Die Heilung dieser Wunden beginnt dann, wenn ich es zulasse. Es sind nicht die großen Vorsätze, die alles ändern und verbessern, die mich vor Verletzungen schützen und mein Leben ruhiger und ausgeglichener machen. Es ist das Lächeln, wenn ich meinen Kindern begegne, es ist die Umarmung inmitten des Alltagschaos, es ist die Wärme, die eine Hand schenkt und es ist immer wieder der Weg zu mir selbst, der mich zum Innehalten zwingt. Dieses Innehalten gelingt mir an den hier vorgestellten Orten, die für mich wundersame Orte der Stille und Kraft geworden sind.

Was sind wundersame Orte der Stille und Kraft?
Grundsätzlich gibt es diese Orte überall, wenn ich bereit bin, sie zu suchen: ein schöner Platz mit einer Bank im Wald, ein Ausblick in ein

bezauberndes Tal, eine Burgruine mit einem gemütlichen Platz auf einem alten Mauerstein oder ein stilles Bachufer. Wichtig ist, dass an diesen Ort möglichst wenig Lärm aus dem Alltag vordringt. Von den Geräuschen und dem Lärm, die uns tagtäglich umgeben, nehmen wir bewusst nur einen Bruchteil wahr. Den Rest blenden wir aus. Aber er ist trotzdem da. Menschen, die einen solchen Filter nicht haben, können einen Aufenthalt im Lärm einer Stadt nur unter größten Qualen ertragen.

Ein Ort der Stille oder Kraft bietet mir Schutz und vermittelt ein Gefühl der Geborgenheit und inneren Wärme. Hat ein Platz eine kalte Ausstrahlung, dann kann er noch so einsam, still und geschützt sein, er wird immer bedrohlich und abweisend wirken. Vor einiger Zeit besuchte ich ein altes Keltengrab aus großen Steinen. Der Weg dorthin führte ein gutes Stück durch den Wald, bis ich eine kleine Lichtung erreichte, auf der sich das Grab befand. Bereits bei den ersten Schritten um dieses Grab herum, spürte ich die unheimliche Kälte, die von diesen Steinen und diesem Platz ausging. Ich begann von innen heraus zu frieren und machte nur schnell ein paar Aufnahmen, um diesen Ort dann schnell wieder zu verlassen.

Warme Orte haben nichts mit Sonne oder schönem Wetter zu tun. Sie strahlen eine innere Wärme aus. Manche Menschen können diese Wärme an den Handflächen oder in ihrem Bauch spüren. Sie erkennen sogar, wie weit diese Wärme reicht. Für mich ist ein Ort warm, wenn ich mich dort wohl fühle. Wenn an einer solchen Stelle eine Bank steht oder ein großer Stein oder Baumstumpf zum gemütlichen Hinsetzen einladen, ist es wichtig, darauf zu achten, dass wir mit beiden Beinen auf der Erde stehen und dies auch wahrnehmen. Nur wenn ich spüre, das ich in der Gegenwart bin und „festen Boden unter den Füßen" habe können meine Sorgen, Ängste und Verwundungen mich nicht bedrängen und umtreiben, sondern können in Bewegung kommen und es wird möglich Lösungen und neue Wege zu finden

Meine wundersamen Orte der Stille und Kraft sind einfach zu finden und es bedarf keiner Vorkenntnisse oder spiritueller Erfahrungen, um diese Orte zu erleben und wahrzunehmen. Vielleicht gehört etwas Mut dazu, sich auf den Weg zu machen und sich endlich wieder etwas Zeit für sich selbst zu gönnen.

Zu meiner Person

Mitten auf der Alb, in Bremelau bei Münsingen, lebe und arbeite ich im Stillhammerhaus. Als Mutter, Stiefmutter und Pflegemutter von sechs Kindern, mit einer Ausbildung als Schreinerin und nach Jahren der Arbeit mit psychisch kranken Menschen kam ich erst spät zum Schreiben und Fotografieren. Der Weg dorthin führte mich über meine Werbe- und Konzeptagentur. Durch meine Arbeit und Recherche zu regionalen Themen lernte ich viele Menschen, Geschichten und Orte kennen, die mich beeindruckten und denen ich immer wieder begegnete.

Mit meinem Buch „Kraftorte und Kraftwege" begann für mich eine innere und äußere Reise zu besonderen Plätzen und Wegen, die mir helfen, immer wieder neue Kraft zu tanken und Familie, Arbeit, Partnerschaft und Freundschaften „unter einen Hut" zu bringen. Im Band Mönchswege und Klostergeschichten beschreibe ich eine mehrtägige Reise (in Etappen) zu heiligen und spirituellen Wegen, Kirchen und Klöstern von Tübingen nach Zwiefalten. Ohne dass dies ursprünglich so geplant gewesen war, wurde aus dieser Reise ein Weg zu mir und ein Entscheidungsprozess, der zu einem Neuanfang in meinem Leben führte.

Wundersame Ort der Stille und Kraft ist nun ein weiterer Schritt zur inneren Mitte und Ruhe. Zwischenzeitlich habe ich ein Gästehaus eröffnet, arbeite in meiner Werbe- und Konzeptagentur, schreibe Bücher, lebe mit zwei meiner sechs Kinder und meinem Mann sowie Hund und Katze in Bremelau und genieße mein Leben! Wie das geht, bei der vielen Arbeit? Leben ist Arbeit und Arbeit ist Leben. Beides gehört für mich zusammen und wo manchmal ein Ungleichgewicht auftritt, nehme ich mir kleine Auszeiten: Minuten und Stunden, die mich zu meinen wundersamen Orten der Stille und Kraft führen.

Ich wünsche meinen Leserinnen und Lesern
viel Mut und Kraft zum Leben!

Sepp Bögle – der Diener der Steine vom Bodensee

Hier möchte ich Ihnen die Geschichte des Titelbildes zu diesem Buch erzählen. Ich habe es in Radolfzell, an der Hafenmole aufgenommen. Dort, am letzten Baum rechts, ist die „Sommerresidenz" von Sepp Bögle, dem Diogenes vom Bodensee, dem Diener der Steine oder wie auch immer man ihn betiteln möchte.

Der Platz an der Hafenmole ist kein Ort der Stille. Die Touristenströme pulsieren hinaus zum See, die Strandcafés sind meist voll besetzt und an allen Ecken gibt es schreiende Kinder, schwitzende Väter und Mütter am Rande des Nervenzusammenbruchs. Mittendrin steht ein bärtiger „Berg" von Mensch, der eine fast unwirkliche Gelassenheit und Ruhe ausstrahlt, der Menschen anlächelt, ihnen zuhört, Steintürme baut und sie ins Gleichgewicht bringt. Dazu verwendet er keine besonderen, ausgesuchten und präparierten Steine, sondern einfach nur Ufersteine, die er täglich aufstellt, am Abend wieder umwirft, um am nächsten Tag neue Säulen der Ruhe und des Gleichgewichts zu schaffen.

Dieses fast unglaubliche Gleichgewicht der Steine kommt aus seinem Inneren. Seit mehr als zehn Jahren ist Sepp Bögle aus seiner vermeintlich sicheren Welt mit Wohlstand und Erfolg ausgebrochen und hat sich auf die Suche nach seiner inneren Mitte und Erfüllung begeben. In Radolfzell auf der Hafenmole, am letzten Baum rechts, hat er im Sommer seinen Platz gefunden und lebt heute vom Verkauf seiner Bücher und Steinfotografien. Immer wieder kommen Menschen an diesen Platz, die nicht nur neugierig sind, sondern fast ehrfürchtig diesen Mann beobachten. In ihren Augen sieht man deutlich die Sehnsucht nach einem anderen, vielleicht erfüllteren Leben.

Für Sepp Bögle ist es wichtig, dass er nicht auf Kosten der Allgemeinheit lebt, sondern ohne staatliche Hilfe für seinen Lebensunterhalt sorgt. So hat er sich sein neues Leben im Sommer in Radolfzell eingerichtet und im Winter auf Lanzarote, um auch dort den Steinen zum inneren Gleichgewicht und der Leichtigkeit des Seins zu verhelfen. Für mich sind die Steinsäulen ein wunderbares Bild der inneren Ruhe und Stille. In sich ruhen, die innere Balance finden, auch wenn ich

Ecken, Kanten und Risse habe, ist überall und zu jeder Zeit, für Jede und Jeden möglich.

Wenn Sie sich jetzt fragen, warum es von diesem faszinierenden Menschen kein Bild in diesem Buch gibt, dann liegt das daran, dass ich mir für Sie wünsche, Sepp Bögle und seine Philosophie der Steine selbst zu entdecken und sich ein eigenes Bild von ihm zu machen.

Diese Steine ruhen in ihrer Mitte – ohne Hilfsmittel und Tricks

Am Märchensee –
auf einer zauberhaften Zeitreise

„Wir meinen, das Märchen und das Spiel gehöre zur Kindheit:
wir Kurzsichtigen! Als ob wir in irgend einem Lebensalter ohne
Märchen und Spiel leben möchten!"
Friedrich Wilhelm Nietzsche (1844 – 1900)

Nach meinem Buch „Kraftorte und Kraftwege" haben mich viele Leserinnen und Leser gefragt, ob ich solche Plätze und Wege nicht auch im Albvorland beschreiben könnte. Als ich darüber nachdachte, fielen mir einige Orte meiner Kindheit und Jugend ein, die ich in Tübingen und Umgebung verbrachte. Manche dieser Plätze besuchte ich noch vor ein paar Jahren relativ häufig und erst als mich mein Weg weiter über die Alb führte, geriet manch ein Ort in meinem Inneren in Vergessenheit. Ich fand neue Orte der Stille und Kraft, die ich auch zum Auftanken zwischendurch besuchen konnte.

Die Orte im Raum Tübingen, die in mein Gedächtnis zurückkehrten, haben mir schon immer auf irgendeine Art viel bedeutet. Es gibt für mich innere Beziehungen zu diesen Plätzen. Ganz bestimmt gibt es noch viele andere Orte der Stille und Kraft in dieser Region und ich würde mich freuen, von anderen Menschen mehr darüber zu erfahren.

Der Märchensee in Wendelsheim bei Rottenburg ist einer der Orte, an die ich mich ganz intensiv erinnere. Viele Jahre sind seit meinem letzten Besuch an diesem zauberhaften, wundersamen Platz vergangen. Jetzt möchte ich wieder einmal an diesen Ort zurückkehren. Es ist ein Herbstfeiertag, an dem eigentlich bereits tausend Dinge, die im Lauf der letzten Wochen liegen geblieben sind, erledigt werden sollten – bis ich mich an den Märchensee erinnere und fühle, da muss ich heute hin! Kurz entschlossen verlege ich die „Besteigung" der Arbeitsberge auf den Abend.

Auf der Albhochfläche ist es noch neblig-trüb, als ich mich auf den Weg hinunter ins Tal mache. In Tübingen erreichen mich endlich die ersten Sonnenstrahlen an diesem Herbstmorgen und ich genieße die sanfte Wärme in meinem Gesicht.

Vom Parkplatz an der Grundschule in Wendelsheim führt der Weg an Streuobstwiesen entlang zum dicht bewaldeten Pfaffenberg hinauf. An der Südhangseite ist der Wald schon vor Jahrhunderten dem Weinanbau gewichen. Die ersten Schritte meines Weges sind begleitet vom intensiven Geruch reifer Zwetschgen, Äpfel und Birnen. An vielen Bäumen wurden sie nicht abgeerntet, und das Obst liegt bereits auf der Wiese oder auf dem Weg. Bei diesem Dufterlebnis kann ich nicht widerstehen und lese mir ein paar Äpfel und Zwetschgen als Wegzehrung aus dem Gras auf.

Weinblatt am Pfaffenberg

Je näher ich dem Pfaffenberg komme, desto größer wird meine innere Anspannung. Was erwartet mich an diesem Platz nach so vielen Jahren? Als Kind hatte der Märchensee etwas Zauberhaftes, Wundersames für mich. Fast ein wenig unheimlich wirkte das stille Wasser mitten im Wald. Als Jugendliche fand ich ihn einfach nur bezaubernd. Und heute?

Dem befestigten Weg folgend, erreiche ich nach ein paar Minuten eine Weggabelung. Wegweiser sind hier keine zu finden und so muss ich mich auf meine Erinnerung verlassen. Links geht es auf einem befestigten Weg steil den Berg hinauf, rechts führt ein Weg mit leichter Steigung in den Wald hinein. Man muss wissen, dass der Märchensee nicht in einer Talsenke liegt, sondern in einem alten Steinbruch, der sich auf dem Gipfel des Pfaffenbergs befindet. Der feinkörnige Schilfsandstein aus dieser Gegend war einst ein begehrter Baustoff und wurde über viele Jahrhunderte bis in die 60er-Jahre abgebaut. Der Märchensee hat seinen Namen durch seine Entstehungsweise bekommen. Ein ungeplanter Wassereinbruch füllte den Steinbruch quasi über Nacht, fast wie in einem Märchen, mit Wasser.

Ich wähle den steilen Anstieg rechter Hand, um zum Märchensee zu gelangen. Auf ungefähr halber Höhe lege ich an einem Funkmast den ersten Zwischenstopp ein. Ein kleines Plateau mit alten verwitterten Bänken und Obstbäumen weckt meine Neugier. Noch etwas außer Atem gehe ich ein paar Schritte über die Wiesenfläche und werde mit einem wunderbaren Ausblick auf die Wurmlinger Kapelle belohnt. Nur der hässliche Funkmast stört an diesem Platz mit seiner schönen Aussicht. Also mache ich mich, nach ein paar Minuten auf einer alten Bank, wieder auf den Weg hinauf zum Pfaffenberggipfel.

Oben angekommen, erreiche ich einen weiteren Aussichtspunkt oberhalb der Weinberge. Unter majestätischen Eichenbäumen stehen Bänke, die zum Verweilen und Genießen einladen. Vor mir liegt Wendelsheim und am Horizont zeichnet der Albtrauf seine atemberaubend schwungvollen Linien und Abbrüche, die an ein Meer mit hohen Wellen erinnern. Hier spüre ich zum ersten Mal die Stille dieses Ortes. Es tut mir gut, in die Ferne zu sehen und dabei meine Gedanken, Gefühle, Sorgen und Erlebnisse auf Reisen zu schicken, loszulassen. Hier könnte ich stundenlang sitzen und in mich hineinhören.

Weinbergschreck und Zaubervogel am Pfaffenberg

Nach einer Weile zieht es mich weiter zum Märchensee. Über einen Schotterweg, vorbei an alten, kleineren Steinbrüchen, führt der Weg hinab in den großen Steinbruch zum See. Nach einigen Metern erblicke ich zum ersten Mal nach vielen Jahren wieder den Märchensee, der fast vollständig von grünen Wasserlinsen bedeckt ist. Es ist noch immer ein Gefühl, als würde ich hier eine andere Welt betreten. Alles, was bis hierher wichtig schien und drängte, ist nun plötzlich klein und belanglos. An diesem Ort steht die Zeit für eine kleine Ewigkeit still.

Der Märchensee ist auf der einen Seite von der Abbruchkante des Steinbruchs begrenzt, und so führt nur ein schmaler Pfad an der Seite des Sees vorbei. Die tiefe Wunde, die der Mensch in den Felsen geschlagen hat, wird verschlossen und geheilt durch das Wasser aus der Tiefe des Gesteins. Es ist ein tröstlicher, ein versöhnlicher Ort der Stille. Jeder Schritt am Ufer des Märchensees heilt auch in mir eine Wunde und gibt mir neue Kraft. Die Sonnenstrahlen, die vereinzelt das dichte Blätterdach durchdringen, zaubern helle Lichtpunkte auf die Wasseroberfläche und tauchen die Szenerie in ein unwirkliches Licht.

Der Duft des Mooses, der Bäume und anderer Waldpflanzen durchströmt mich und ich atme tief durch, um möglichst intensiv zu genießen. Der Märchensee ist kein einsamer Ort mehr. Schon längst wurde er vom

Tourismus entdeckt und dient vor allem an den Wochenenden vielen Menschen als Erholungsoase vom Alltag. Dann erfüllen das Rufen und Lachen der Kinder, Unterhaltungen von Spaziergängern und der Duft von roter Wurst die Atmosphäre.

Trotzdem ist der See ein Ort der Stille und Kraft geblieben. Wenn man bereit ist, in sich hineinzusehen und zu spüren, erfasst einen die zauberhafte, heilende Wirkung dieses Platzes.

Für den Rückweg wähle ich wieder die gleiche Strecke, um noch einmal zum wunderschönen Ausblick oberhalb der Weinberge zurückzukehren. Dann gehe ich den steilen Weg wieder hinab zum Parkplatz und verabschiede mich vom Pfaffenberg mit seinem Märchensee.

In der Umgebung
Auf dem Rückweg lohnt sich ein kleiner Abstecher nach Rottenburg. Dort führt ein schöner Weg am Neckar entlang. Es sind von da nur ein paar Schritte in die schöne Altstadt und das Rottenburger Münster, das unbedingt einen Besuch wert ist. Oder Sie genießen einen Kaffee im Städtle.

Wegbeschreibung
Wendelsheim erreicht man von Tübingen aus über Hirschau und Wurmlingen auf der Landesstraße L371. Sie parken an der Wendelsheimer Grundschule, von dort führt ein geteerter Weg bergauf. An der Gabelung dem Wegweiser Richtung Steinbruch nach links folgen. Nach Regenfällen ist der Erdweg durch den Steinbruch stellenweise sehr matschig. Der Rundkurs führt automatisch am Märchensee vorbei. Hat man den Märchensee passiert, gelangt man an einen wunderschönen Aussichtspunkt mit Blick auf den Rammert und die Schwäbische Alb.

Die Bank am Aussichtspunkt Pfaffenberg

„Wie die Sonne das Licht des Tages ist,
so ist auch die Seele das Licht des wachenden Körpers.
Und wie der Mond das Licht der Nacht ist,
so ist auch die Seele das Licht des schlafenden Körpers."
Hildegard von Bingen (1098 – 1179)

Wolfsschlucht und Apolloquelle –
Sorgen loslassen und nach vorne blicken

„Ich sage euch: man muss noch Chaos in sich haben,
um einen tanzenden Stern gebären zu können.
Ich sage euch: ihr habt noch Chaos in euch."
Friedrich Wilhelm Nietzsche (1844 – 1900)

Wer an eine Quelle kommt, sollte dies mit größter Wertschätzung tun.
Quellen und Brunnen sind seit Menschengedenken Orte der Kraft, der
Verehrung und des Lebens. Die Kelten opferten hier der Erdenmutter,
die Römer verehrten dort ihren Wassergott Apollo und obwohl in der
heutigen Zeit der Mensch die Quelle gefasst und ummauert hat, be-
sitzt ein solcher Ort noch immer eine besondere Kraft und Mystik.

An vielen Brunnen gibt es bis heute den Brauch des „Augen-Auswa-
schens". Er geht auf den Glauben an die heilende Wirkung des Wassers
zurück und soll bei Augenleiden helfen. Quellwasser gilt als Symbol
der Fruchtbarkeit und so gibt es bis heute den Brauch, frisches Quellwasser kreisförmig über Steine zu gießen und dabei den Wunsch nach
Schwangerschaft zu äußern. Die Gottheit Apollo, nach der die Quelle
im Katzenbachtal bei Bad Niedernau benannt ist, galt bei den Römern

als Gott des Lichts, des Frühlings und der sittlichen Reinheit sowie der Weissagung. Hier bei der Apolloquelle genieße ich an einem kleinen Wasserhahn außerhalb des Quellhauses das erfrischende Nass und setze mich eine Weile auf die kleine Mauer am Fuße der alten römischen Säulen. Doch schon bald zieht es mich in die Wolfsschlucht.

Ein schmaler Steig, direkt neben der Quelle, führt an einer Felswand entlang in die enge Schlucht hinauf. Überall liegen umgestürzte Bäume und Felsen neben dem Weg. Die Sonne dringt mit einzelnen Strahlen durch die Bäume, die den Rand der Wolfsschlucht säumen. Dadurch entsteht ein fast magisches Licht, das bis auf den moosbewachsenen Boden vordringt. Nach einigen Metern entdecke ich rechts oberhalb des Weges eine kleine Felsspalte, zu der aber nur ein sehr steiler, rutschiger Pfad hinaufführt. Weiter den Steintreppen folgend, umrunde ich eine Felsnase, die in den Weg hineinragt und halte danach unwillkürlich inne. Vor mir erscheint am oberen Ende der wildromantischen Schlucht ein gemauertes Steintor, vor dem eine Felsplatte den Weg auf die gegenüberliegende Seite des Tales ermöglicht.

Das Tor am Ausgang der Wolfsschlucht

Das steinerne Tor am Ende der Schlucht

Hier ist ein Platz des Rückzugs und der inneren Entscheidung. Für mich hat das Tor am Ende der Schlucht etwas Ordnendes: hinter mir das Chaos der Natur am Boden und an den Hängen des Felseinschnittes und vor mir ein bewusster Schritt hinaus durch den Torbogen. Ich setze mich auf die Steinplatte vor dem Tor und höre in mich hinein, fühle was mich bewegt und erinnere mich an die Begegnungen und vielen Erlebnisse der letzten Tage. Ich spüre, wie manches ganz leicht wird und ich es loslassen kann und wie ich andere Erlebnisse und Begegnungen mitnehmen muss, um sie neu zu betrachten. Aber ich spüre auch, dass ich all dem einen Platz in mir geben muss, um wieder Neues aufnehmen zu können. Es ist an der Zeit, aufzustehen und nicht mehr in die Schlucht hinunterzublicken,

Lebenskraft im Chaos

sondern zum Tor zu gehen und nach vorne zu blicken. Über kleinere Felsen gelange ich unter das Steintor und gehe einen bewussten Schritt hindurch. Es fühlt sich gut an.

Meine Schritte werden leichter und so wandere ich durch die Schlucht wieder zurück. Noch einmal begegnen mir Gedanken und Sorgen, die ich hier zurückgelassen habe, aber sie belasten mich nicht mehr und haben hier einen Platz gefunden. Ich genieße die feuchte Luft des Waldes, entdecke einen Eichentrieb, der umspielt von einem Sonnenstrahl mit aller Kraft zum Himmel, zum Licht wachsen will. Noch zart und unscheinbar, aber mit allem in sich, dass daraus ein starker Baum wachsen kann.

Und noch einmal gehe ich leichten Herzens zur Apolloquelle und erlebe die Kraft des Wassers.

In der Umgebung

Von der Wolfsschlucht gelangt man nach circa 3,5 Kilometern zur Weilerburg hinauf. Dort steht ein hoher Aussichtsturm, der als Siegesdenkmal für den Deutsch-Französischen Krieg 1870/71 errichtet wurde und einen weiten Blick ins Land ermöglicht. Ursprünglich hieß die Weilerburg „Rotenburg", die wahrscheinlich im 12. Jahrhundert errichtet wurde.

Folgt man dem Weg durch das Katzenbachtal weiter hinauf, erreicht man die längste Karststeinhöhle der Region. Von November bis April ist sie zum Schutz der Fledermäuse geschlossen. In der übrigen Zeit kann Sie mit Helm, Taschenlampe und Gummistiefeln erkundet werden.

Wegbeschreibung

Von Tübingen aus fahren Sie über die L370 und die L361 in Richtung Rottenburg. In Rottenburg biegen Sie wieder zur L370 ab, wählen im nächsten Kreisverkehr die Abfahrt in die Poststraße und fahren auf dieser Straße Richtung Bad Niedernau. In der Ortsmitte biegen Sie ab Richtung Sanatorium ins Katzenbachtal. Parkplätze gibt es am Schützenhaus. Von dort aus wandern Sie entlang des Katzenbachs bis zur Apolloquelle, die heute eher als Römerquelle bekannt ist. Gegenüber der „Sprudelfabrik" befindet sich die Quellfassung in einem kleinen Gebäude. Direkt daneben stehen noch alte Säulenreste des einstigen römischen Quellheiligtums. Hier fanden sich früher viele römische Münzen, die wahrscheinlich als Opfergaben hinterlassen wurden. Ein Brauch, der bis heute an manchen Quellen existiert.

Direkt neben der Quelle führt der Weg hinein in die Wolfsschlucht. Wer die Schlucht ganz hinauf steigen möchte, sollte unbedingt rutschfestes, stabiles Schuhwerk anziehen, denn die Steinstufen sind teilweise sehr glitschig und uneben.

Licht im Dunkel

In den Weinbergen bei der Wurmlinger Kapelle – die Zeit vergessen

Die Kapelle

„Droben stehet die Kapelle,
Schauet still ins Tal hinab.
Drunten singt bei Wies' und Quelle
Froh und hell der Hirtenknab.
Traurig tönt das Glöcklein nieder,
Schauerlich der Leichenchor;
Stille sind die frohen Lieder,
Und der Knabe lauscht empor.
Droben bringt man sie zu Grabe,
Die sich freuten in dem Tal;
Hirtenknabe, Hirtenknabe!
Dir singt man dort auch einmal."
Ludwig Uhland (1787 – 1862)
(geschrieben im September 1805,
nach einem Spaziergang mit Freunden
von Tübingen nach Wurmlingen)

Hier stelle ich einen Ort vor, der nicht direkt auf dem Kapellenberg mit der St. Remigius Kapelle liegt, sondern unterhalb des Gewanns Burgstall auf dem Spitzberg. Dort, in den alten Weinbergen, zwischen Wacholderbüschen und Streuobstbäumen, ist für mich ein ganz besonderer Platz der Sehnsucht, der Wärme und der Stille. Vor mir ziehen Weinberge an einem sanft geschwungenen Südhang zur Kapelle hin. Mit dem Rücken lehne ich an den warmen Steinen einer alten Weinbergmauer, lausche den Geräuschen der unzähligen Bienen, Grillen und Käfer und höre in mich hinein. Endlich raus aus dem Trubel der Stadt, des Neckartals! Der Lärm des Verkehrs hat sich weit zurückgezogen und mein Blick schweift immer wieder zu der kleinen Kapelle, die so endlos friedlich zwischen Himmel und Erde auf dem Gipfel steht.

Seit vielen Jahrhunderten ist die Wurmlinger Kapelle ein beliebter Wallfahrtsort und an Wochenenden strömen die Menschen auf den Kapellenberg, um die Aussicht zu genießen. Dieser Trubel, die Menschenmassen und die Herabstufung eines heiligen Ortes zum Sonn-

Die alte Weinbergmauer

In der Wacholderheide am Rande der Weinberge bei der Wurmlinger Kapelle

tagnachmittagsausflugsziel sind für mich abstoßend. Kapellen und Kirchen wurden oft an Plätzen gebaut, die als Sammelpunkte von Erd- und Himmelskräften galten. Diese Orte bedürfen einer gewissen Achtung durch den Menschen und sollten bewusst aufgesucht werden, sonst verlieren sie ihre Kraft und Ausstrahlung. Die Kelten haben deshalb den Zugang zu ihren heiligen Plätzen streng geregelt und Verstöße oft sogar mit dem Tod geahndet. Sie wussten noch um die mächtigen Kräfte, die an diesen Orten auf den Menschen wirken konnten.

Aber auch aus der Entfernung spüre ich die Kraft dieses Ortes – auf eine ganz andere Art. Ich kann meine Gedanken hinüber schicken und fühle die Stille auf dem Kapellenberg, unabhängig von den Menschen, die gerade dort sind. Es ist ein Anblick, der mich tief berührt und vielleicht auch deshalb viele Sehnsüchte und Träume weckt. Im alten Weinberg verliert sich die Zeit und das tut manchmal sehr gut. Für ein paar Momente gibt es kein Gestern und kein Morgen mehr, sondern nur noch das Heute, das Jetzt, den Augenblick, die Unendlichkeit eines Lichtstrahls. In einem solchen Moment steckt viel Kraft, da die Seele endlich zur Ruhe kommt.

Fernwehblick zur Kapelle hinauf

Der Anblick der Kapelle macht mir auch ein wohliges Fernweh. Lange bevor der Jakobsweg wieder in Mode kam, und jeder meint, irgendwann in seinem Leben diesen Weg gehen zu müssen, saß ich im alten Weinberg und begab mich in meinen Träumen auf die alten Pfade der Pilger. Es war weniger die Suche nach Erleuchtung oder Seelenheil, sondern die Neugier auf fremde Länder, die Suche nach mir selbst und die Fragen nach Gott, die mich auf diesen Traumreisen vorantrieben.

Die derzeit moderne Sehnsucht nach dem Jakobsweg und die Wiederauferstehung vieler Pilgerreisen, ist für mich nicht ein Zeichen einer neuen tiefen Gläubigkeit der Menschen, sondern die Suche nach etwas Verlässlichem, nach Halt, nach Spiritualität, ja letztendlich die Suche nach dem Sinn des Lebens und des Sterbens. Antworten auf diese Fragen werde ich allerdings kaum auf dem Jakobsweg oder auf dem Kapellenberg bei Wurmlingen finden, sondern nur in mir selbst und in meinem Glauben.

In der Umgebung
Die Stille, die Träume und den Anblick der Kapelle möchte ich noch eine Weile in mir tragen und kann deshalb eigentlich keinen weiteren

Ausflug in die Umgebung empfehlen. Für mich ist manchmal ein schöner Abschied von diesem Ort der geruhsame Spaziergang durch die Weinberge an den Hängen des Spitzbergs. Zuhause angekommen, ist es wichtig, nicht gleich in den Alltag zurückzukehren, sondern vielleicht ein warmes Bad zu nehmen oder bei einer Tasse Tee den Tag entspannt ausklingen zu lassen.

Wegbeschreibung

Um zu den alten Weinbergen zu kommen, geht man am besten von Tübingen aus in Richtung Wurmlinger Kapelle. Dieser Weg ist sogar ein Teilabschnitt des Jakobswegs. In Tübingen geht man hinauf zum Schloss, dort zum hinteren Tor wieder hinaus und über die Schloßbergstraße am Bismarckturm vorbei. Nun gelangt man auf dem Lichtenberger Weg in den Wald und wählt an der nächsten Kreuzung den Sommerweg in Richtung Wurmlinger Kapelle. Wenn es dann den Berg hinuntergeht und man vor sich die Kapelle zwischen den Bäumen blitzen sieht, nimmt man eine der kleinen Pfade links die Böschung hoch und ist in den alten Weinbergen angekommen.

Von dort führt der Jakobswegabschnitt über die Wurmlinger Kapelle hinunter nach Wurmlingen und dann bis zum Dom in Rottenburg am Neckar weiter. Es verwundert kaum, dass dieser traumhaft schöne Weg von Tübingen aus auf dem berühmten Pilgerweg nach Santiago de Compostela verläuft. Für mich ist es eigentlich auch der fühlbar „richtige" Weg nach Wurmlingen.

Andere Möglichkeiten, um zum alten Weinberg zu kommen führen direkt von Wurmlingen aus über den Kreuzweg hinauf zur Kapelle und auf der anderen Seite des Berges dann wieder hinunter. Dort geht man auf dem rechten Schotterweg ein paar Meter den Berg in Richtung Tübingen hinauf. Von dort gibt es mehrere Möglichkeiten auf kleinen Trampelpfaden nach rechts in die Weinberge zu kommen. Wurmlingen erreicht man mit dem Auto über die L371 von Tübingen aus über Hirschau.

Traumwege durch die Wacholderheide

Am Bismarckturm in Tübingen –
Abstand gewinnen und stark werden

„Der Zweifel raubt uns,
was wir gewinnen könnten,
wenn wir nur wagen würden."
William Shakespeare (1564 – 1616)

Auf dem höchsten Punkt des Schlossbergs steht der Bismarckturm in Tübingen. Eine mächtige Erscheinung, fast 16 m hoch, aus dem Tuffstein der Alb und dem Sandstein des Schönbuchs, nach dem Entwurf „Götterdämmerung" des Architekten Wilhelm Kreis erbaut. Auf seiner Aussichtsplattform ist eine Feuerschale angebracht wie bei vielen der anderen 167 Bismarcktürme in Deutschland auch. Diese Schalen sollten nach dem Wunsch des Architekten an bestimmten Tagen zu Ehren des ehemaligen Reichskanzlers gleichzeitig brennen. Letztendlich kam es nie zum gemeinsamen „Feuertag", da der Geburtstag Otto von Bismarcks am 1. April in den Semesterferien lag und die meist von Studenten und Universitäten initiierten Bauten dann verweist waren. Zum Feuern und Feiern war niemand da. Der Entwurf „Götterdämmerung" wurde insgesamt siebenundvierzigmal gebaut und doch haben der Turm und der Platz auf dem Tübinger Schlossberg etwas Besonderes, Einzigartiges.

Als ich mich in meiner Kindheit dem Turm zum ersten Mal näherte, geschah dies nicht aus Bismarckverehrung oder Traditionsbewusstsein, sondern weil dieser Platz einfach schön war und der Turm etwas Starkes, Beruhigendes ausstrahlte. Hier fühlte ich mich wohl und kehrte immer wieder zurück. Seltsam ist, dass der Bismarckturm bis heute als „Geheimtipp" gilt und längst nicht so stark von Touristen frequentiert wird wie andere geschichtsträchtige Plätze in Tübingen.

Es vergingen dann viele Jahre, in denen ich, auf der Suche nach einem guten Platz zum Leben und Arbeiten, quer über die Alb zog, bis ich wieder zum Turm meiner Kindheit zurückkehrte. Nochmals wollte ich die Unbeschwertheit, das Staunen am Fuße des massiven Bauwerks, den aufgeräumten Park um den Turm herum und den Ausblick vom Schlossberg erleben.

An einem sonnigen Tag mache ich mich endlich auf den Weg nach Tübingen. Ich habe leider nur wenig Zeit und fahre deshalb mit dem Auto auf den Parkplatz am Ende des Burgholzweges. Von dort sind es nur noch ein paar Schritte bis zum Turm. Es hat sich viel verändert, die Bäume, Eichen, sind riesig geworden, der Turm ist fast zugewachsen. Der Park ist jetzt von den Baumkronen überschattet. Wieder fühle ich den starken Turm an diesem Ort. Er scheint für die

Einer der besonderen Plätze unter einer Eiche am Bismarckturm

Ewigkeit gebaut und erdet diesen Platz auf wohltuende Weise. Eine Eigenschaft, die ich von Bauwerken eigentlich nicht kenne, sondern nur von Steinen, die bewusst an Kraftorten oder in Störzonen wie Wasseradern, Erdverwerfungen und Erdstrahlungsgittern aufgestellt werden. Der Bismarckturm ist vielleicht ein moderner Menhir, der aus den Steinen der Umgebung aufgeschichtet wurde. Die starken Eichen, Bäume des Lebens, der Kraft und Willensstärke, werden seit Menschengedenken als heilige Bäume verehrt.

Ich fühle, wie der Platz eine neue Qualität für mich bekommen hat. Es ist nicht mehr ein Ort der Unbeschwertheit und des Staunens, sondern ein Ort des Nachdenkens mit sicherem Boden unter den Füßen und einem festen Halt. Unter dem Schutz der Eichen kann man Abstand gewinnen und innerlich stark genug werden, um auch bedrückende Gedanken und Erinnerungen auszuhalten. Damit meine ich nicht einen Platz der Depressionen heilt, sondern ich meine die Alltagssorgen, die uns manchmal viel Kraft rauben, weil wir sie nicht loslassen und einordnen können. Die parkähnliche Anlage und die Stärke des Ortes helfen mir bei der konkreten Betrachtung von Sorgen und lassen mich strukturierte Lösungen dafür finden. Dazu muss ich mich aber auch auf diesen Ort einlassen und ihn wahrnehmen. Mir gelingt dies oft ganz gut, in dem ich bewusst mit beiden Füßen den Boden spüre. Dazu stelle ich mich in die Mitte eines Platzes und achte darauf, dass ich mit den ganzen Fußsohlen den Boden berühre. Dann fühle ich mich getragen von der Erde, spüre wie sie meine Last aushält. So kann auch dieser Ort meine Gedanken aushalten und mich tragen. Es entsteht die Sicherheit, sich im eigenen, inneren Chaos aus Sorgen und Ängsten bewegen und daraus Neues entstehen lassen zu können und Leben zu wagen.

Öffnungszeiten: Zum Bismarckturm kann man immer gehen. Der Turm allerdings ist im Sommer nur an den Wochenenden geöffnet, ansonsten ist der Schlüssel leihweise beim Kultur- und Bürgeramt sowie beim Verkehrsverein Tübingen zu bekommen. Allerdings ist die Aussicht durch den dichten Baumbewuchs stark eingeschränkt.

In der Umgebung
Der Weg vom Schloss, über den Rücken des Schlossbergs, hin zum Bismarckturm und weiter bis zur Wurmlinger Kapelle ist einer meiner liebsten „Tübinger Wege".

Wer die Schönheit der Landschaft zwischen Tübingen und Rottenburg erleben und genießen möchte, sollte einmal diesen Weg gegangen sein. Ansonsten lohnt sich natürlich immer ein Ausflug ins „Städtle". Straßencafés, kleine Läden, ein Marktplatz voller Leben und verwinkelte Altstadtgassen laden zum Genießen und Bummeln ein.

Wegbeschreibung
Der Bismarckturm in Tübingen steht auf dem Schlossberg, westlich vom Schloss Hohentübingen oberhalb der Weststadt. Man erreicht ihn zu Fuß am Schloss Hohentübingen vorbei, über die Schlossbergstraße und den Lichtenberger Weg.

Mit dem Auto fährt man aus der Weststadt über den Burgholzweg hinauf, (genau neben dem Schloßbergtunnel), zum Parkplatz am Ende der Straße. Sogar mit öffentlichen Verkehrsmitteln ist dieser Platz erreichbar. Der Bismarckturm ist laut Liniennetzplan ab Hauptbahnhof mit der Buslinie 9 bis Endhaltestelle „Bismarckturm" (Richtung Schlossberg) zu erreichen.

Auf dem Tübinger Spitzberg –
träumen und Kraft tanken

> *„Endlich*
> *aufhören zu denken.*
> *Alles loslassen*
> *und in der Stille*
> *tiefes Glück erleben."*
> *Frank (2007)*

Bereits auf den ersten Metern Weg, die den Spitzberg bei der ehemaligen Ödenburg hinaufführen, bin ich wieder zu Hause, im „Urwald"
meiner Kindheit. Dichtes Gestrüpp, dazwischen Bäume, schmale Wege,
ich spüre die Blätter und Äste, rieche den süßen Duft des warmen
Südhangs. Der Weg hinauf zur Ödenburg ist ein Fest für die Sinne.
Ich spüre die Anstrengung der Steigung in meinen Körper, mein Herz
pocht. Jeder Schritt ein Stück Erinnerung, ein Stück Freiheit und Unbeschwertheit. Als Kind den Abhang hinunterspringen und sanft in
riesigen Blätterbergen landen. In einem Gestöber aus Herbstblättern
weiterrennen, schneller und schneller. Und sich dann mit letzter Kraft
an einen Baum klammern, um nicht den ganzen Hang hinunterzuku-
geln. Jetzt ist es still hier, schmerzhafte, wehmütige Stille auf den
schmalen Pfaden hinauf. Nur ich, mein Atem, mein Herzschlag, meine

Gedanken und Erinnerungen. Stille ist auch Schmerz, ist Ankommen und nicht mehr Davonlaufen, ist Rückkehr und Abschied. In der Stille kann ich zu mir zurückkehren und heilsame Zeit mit mir selbst verbringen. Vielleicht bin ich auch deshalb an diesen Ort zurückgekehrt, wohl wissend dass er mich manche Träne kosten wird. Tränen, weil diese Zeit unwiderruflich vergangen ist, aber Tränen des Glücks, weil es eine schöne Zeit in meinem Leben war.

Der Weg auf einen Berg macht die Seele leichter. Jeder Schritt führt weiter hinauf, zum Licht. Mein Körper trägt mich, ich versuche, mich auf den Rhythmus meiner Schritte zu konzentrieren. Das ist für mich wie eine Meditation der Bewegung, die den Kopf ausschaltet und alles Fühlen und Erleben in den Bauch lenkt. So wirken Schmerz und Trauer nicht mehr bedrohlich, so fühle ich das Glück wie tausende Schmetterlinge in meinem Bauch. Es ist einfach da und es ist gut so.

Mein Weg führt mich an einer Heidefläche vorbei, an deren Rand, verborgen hinter einem Strauch, ein Liebespaar liegt. Friedlich nebeneinander, der Welt entrückt. Die Ruhe zweier Herzen, Liebesstille. Ich muss weiter, hinauf zu einer Sitzgruppe mitten im Wald: drei Holzbänke und ein runder Tisch, ein Platz zum Träumen, zum Innehalten, Zuhören. Umgeben von hohen Laubbäumen, steht die Sitzgruppe auf einer

Die Bank mit dem runden Tisch an der Ödenburg auf dem Spitzberg

Lichtung. Ich bin angekommen und fühle, wie sich eine wundersame Stille in mir ausbreitet. Der Weg hinauf war mein Ziel. Nach langer Zeit wollte ich wieder die Pfade meiner Kindheit hinaufsteigen. Ein Weg zurück, den ich ganz alleine für mich habe. Niemand kann mich dorthin begleiten. An jedem Ort, an dem ich gelebt habe, lasse ich ein Stück von mir zurück. Für meine Mitmenschen ist es oft schwer verständlich, warum ich auch nach vielen Jahren an einem Haus, in dem ich lebte, oder an einem Ort, den ich intensiv erfahren hatte, traurig werde. Es ist der Schmerz des Wiedersehens und des Abschiednehmens, es ist das Bewusstsein des Verlustes eines Teils von mir, den ich nirgendwo anders mehr finden kann. Der Moment der Liebe, des Streits, des Glücks,

Genussweg auf dem Spitzberg

des Verstehens und der Verzweiflung ist gelebt, unwiderruflich. Ich lebe im Hier und Jetzt, wenn auch die Wurzeln meines Lebens in meiner Vergangenheit liegen, weit unten in der Erde. Aus diesen Wurzeln wachse ich nach oben und wenn mir schwindlig wird, in luftiger Höhe, dann tut es manchmal gut, zu diesen Wurzeln zurückzukehren, sie zu pflegen und ihre Stärke zu spüren.

Auf der Bank an der Ödenburg ist ein Platz zum Träumen. Offen und doch behütet findet er seinen Halt durch die Bäume. Hier kann ich mich mit sicherem Gefühl auf Traumreisen begeben und Kraft tanken. Die Kraft meiner Wurzeln, die mich bis heute halten und tragen.

Es ist spät am Nachmittag, als ich mich auf den Rückweg mache, zurück über schmale Pfade, durch dichtes Gestrüpp, vorbei an romantischen „Bänkle" mit bezaubernder Aussicht. Und da ist es wieder, das Springen und Hüpfen, das Lachen und Rennen, das himmelhochjauchzende Gefühl der kindlichen Freiheit. Nur sehe ich es heute in meinen Kindern, die für ein paar Momente aus der Pubertät in die Kindheit eintauchen, wenn sie den Spitzberg hinauf- und hinuntertollen.

In der Umgebung
Vom Fuß des Spitzbergs kann man wunderschön entlang des Neckars wandern. Am besten gehen Sie in Richtung Rottenburg bis zur Staustufe und auf der anderen Seite wieder zurück. Im Sommer laden die Baggerseen von Hirschau zum Baden ein und der Radweg nach Hirschau, der ebenfalls an den Treppen zum Spitzberg vorbeiläuft, bietet sich wunderbar als Inliner-Strecke an.

Wegbeschreibung
Von Tübingen aus in Richtung Rottenburg/Hirschau fahren. Die Straße führt über den Neckar und seinen Kanal. Bitte direkt nach dieser Neckarbrücke nach rechts abbiegen und dort parken. Auf der linken Seite des Kanals entlang weiter in Richtung Tübingen laufen. Nach ca. 50m erreicht man eine Brücke über den Kanal und auf der gleichen Höhe, aber links in der Mauer, befindet sich die Steintreppe, die zum Spitzberg hinaufführt. Zu Fuß oder mit dem Rad kommt man von Tübingen aus auf dem Radweg nach Rottenburg/Hirschau, direkt am Kanal vorbei. Hier an der kleinen Brücke über den Kanal parken. In der Mauer auf der rechten Seite der Straße findet man die Treppe.

Der Auentalsee bei Sirchingen –
Quelle aus vulkanischem Gestein

„Nur in einem ruhigen Teich spiegelt sich das Licht der Sterne."
(Chinesisches Sprichwort)

Oft sind es die unspektakulären, fast unscheinbar schönen Orte, zu denen ich mich besonders hingezogen fühle und als Orte der Stille erfahre. Der Auentalsee bei Sirchingen ist einer der wenigen Wasserplätze auf der Alb, der die Kraft einer Quelle aus vulkanischem Gestein und die Ruhe eines kleinen Sees vereint. Für mich ist es ein Ort der inneren Sammlung, eine Oase inmitten des Alltags, ein friedlicher Platz.

Am liebsten setze ich mich auf eine der Bänke, die an dem kleinen See aufgestellt wurden. Dazwischen wachsen noch junge Bäume und Büsche, die den Ort nur zaghaft beschatten, aber bereits jetzt ist die Halt gebende Wirkung der „Baumkinder" wohltuend spürbar. Die Umgebung des Auentalsees wurde mit viel Liebe und Behutsamkeit angelegt. Eine Vielzahl von Insekten, Amphibien und Pflanzen haben in und an diesem kleinen Paradies einen Lebensraum gefunden. Traumtänzerinnen gleich schweben wunderschöne Libellen am Ufer und über das Wasser. Stundenlang könnte ich ihnen zusehen.

Wasser, aus dem alles Leben entstanden ist und ohne das Leben nicht möglich ist, bündelt die Kräfte der Erde und des Himmels. An einem solchen Ort kann man einfach nur loslassen, ohne sich dabei zu verlieren. Gedanken können fließen, werden über das Wasser fortgetragen, spiegeln sich und versinken in der Tiefe. Neue Impulse, neues Leben, neue Gedanken kommen zurück. Ein Wasserort ist bei jedem Besuch ein anderer Ort. Niemals kann ein Mensch in dasselbe Wasser steigen, niemals begegnet er den Geschichten, die das Wasser erzählt, ein zweites Mal. Im fortwährenden Kreislauf aus dem Quellwasser der Tiefe, dem Regen und Schnee, der Verdunstung in die Atmosphäre und wieder neuem Wasser, verbindet sich die Energie des Lebens. Wer bewusst am Wasser sitzt, spürt, warum seit Menschengedenken Wasserplätze verehrt werden.

Der Auentalsee konnte durch das Gestein des Schwäbischen Vulkans entstehen. Im Gegensatz zum löchrigen Kalktuff, aus dem der größte Teil der Schwäbischen Alb besteht, trifft man an den längst erloschenen, meist unterirdischen Vulkanschloten immer wieder auf wasserstauende Schichten aus Basaltgestein. An diesen Stellen bilden sich sagenumwobene Himmelsteiche und kleine Quellseen oder Brunnenlöcher – für die Menschen früher, mystische, rational nicht erklärbare Orte auf der sonst wasserarmen Alb. So gibt es mancherorts noch die Geschichte vom „Kindlesbrunnen". Dahinter steckte der kindliche Glaube, die Neugeborenen kämen aus diesen Brunnen heraus. Ein wunderbares Gleichnis für die Lebenskräfte des Wassers.

Wasserspiegel – Spiegel der Seele?

Die kleine Oase in der Nähe von Sirchingen ist nicht unbedingt ein Platz, den man alleine besuchen muss. Am Rande des Wassers lässt es sich wunderbar gemeinsam schweigen oder erzählen. Beim Erzählen ist das Wichtigste das Zuhören. Am Wasser sollte man keine Diskussionen und Streitgespräche führen. Hier leben die Worte, die sprudeln und fließen, ohne Widerstand und Widerrede, einfach nur zum Zuhören und Annehmen. Das sind magische Augenblicke, die einen Blick in die Seele des Gegenübers erlauben. Genauso wichtig empfinde ich das bewusste gemeinsame Schweigen. Ohne Unsicherheit und Unruhe, den Moment geschehen lassen. Manchmal sind die Worte, die man nicht ausspricht, die wichtigsten, denn in der Stille und gemeinsamen inneren Ruhe, kann manches heilen, was unbedachtsam und ungewollt verletzt wurde. Manchmal ist es sehr schwierig, die innere Stille zweier Menschen in Gleichklang zu bringen, auch wenn sie sich bereits seit vielen Jahren kennen und einen gemeinsamen Weg gehen. Stille erfordert immer auch Geduld. Vor allem mit mir selbst. Nur wenn ich selbst zur Ruhe komme, kann ich die innere Ruhe des anderen Menschen fühlen und annehmen. Vielleicht ist der Auentalsee auch für Sie ein besonderer Ort, an dem sie „Stille üben" und erfahren können.

In der Umgebung
Auf dem Rückweg sollte man in Sirchingen am Rathaus an der Durchfahrtsstraße einen Halt einlegen. Dort steht links neben dem Rathaus ein Haus mit dem Trauf in Richtung der europäischen Wasserscheide. Das Wasser fließt von der einen Dachseite zur Erms hin, also letztendlich zum Rhein und auf der anderen Seite zur Großen Lauter in die Kanalisation und damit zur Donau. Nicht weit vom Auental liegt der Sirchinger Wasserfall. Auch dies ist ein sehr kraftvoller und schöner Platz.

Wegbeschreibung
Von Reutlingen fährt man nach Bad Urach und dort weiter auf der B28 Richtung Seeburg. Am Wegweiser „Sirchingen" biegen Sie rechts ab und fahren über die L249 die Sirchinger Steige hinauf bis Sirchingen. Durch Sirchingen hindurch weiterfahren in Richtung Gächingen, dort geht es circa einen Kilometer nach dem Ortschild nach links zum „Skilift". Hier abbiegen und das Auto abstellen. Vom Parkplatz aus führt ein Weg Richtung Auental. Ganz hinten, kurz vor dem Wald, liegt der See.

Eine Bank zum Erzählen und Zuhören

Prinzip Hoffnung

„Mein Leben gleicht diesem Baum,
vernarbt, mit vielen Furchen und Verwachsungen.
Die Rinde ist, nach vielen Jahren
ein guter Schutz geworden.

Dahinter ist viel Lebenskraft geblieben,
jeden Frühling treibt sie zarte, verletzliche Knospen.

Und ich bin stark geworden, am Leben gewachsen."
Frank (2007)

Der Runde Berg bei Bad Urach –
die Perspektive verändern

„Einsamkeit suchen die Menschen auf ländlichen Fluren,
am Meeresufer, in den Bergen.
Doch einer wie beschränkten Ansicht entspringt dieser Wunsch!
Kannst du dich doch, sooft du nur willst, in dich selbst zurückziehen.
Gibt es doch nirgends eine stillere und ungestörtere Zufluchtsstätte
als die Menschenseele."
Mark Aurel (121 – 180 n. Chr.)

Es gibt weltweit eine Vielzahl von heiligen Bergen, die eine starke Anziehungskraft auf Menschen aller Kulturen ausüben. Der irische Croagh
Patrick, der griechische Berg Athos, der Kailash in Tibet oder Adam's
Peak in Sri Lanka müssen einiges aushalten. Zum einen sind da die
strenggläubigen Pilger, die ohne den Berg keine Erlösung und kein
Seelenheil finden, dann gibt es die selbst ernannten Gurus, „Schamanen" und „Heiligen", die mit ihren Jüngern die Erleuchtung suchen,
und dazu kommen noch Heerscharen von Touristen, Bergsteigern,
Sinnsuchenden und Neugierigen, die einen der Gipfel erklimmen und
damit versuchen, ihrem Leben wieder einen tieferen Sinn zu geben.

Viele vergessen dabei, dass diese gewaltigen Riesen der Erdgeschich-
te empfindsame ‚Seelen' haben, die man achten und pflegen muss.

Bergsteiger, die auf einer ihrer Touren einem Berg wahrhaftig begegnet sind, haben für einen kurzen Moment seine „Seele" gespürt und sind danach geprägt von großem Respekt und tiefer Erfurcht vor den Steinwesen.

Der Runde Berg bei Bad Urach wird nicht als „heiliger" Berg verehrt. Dorthin „pilgern" höchstens ein paar Wanderer und Naturliebhaber oder Archäologen, die in der spannenden und vielschichtigen Siedlungsgeschichte dieses Berges graben. Vermutlich bietet er vielen Menschen, die in dieser Gegend unterwegs sind, zu wenig Spektakuläres. Auf seinem Gipfel sind keine großen Ruinen sichtbar, die Aussichtspunkte längst zugewachsen. Es ist ein stiller Berg in einer wunderbaren Form, ein runder Berg. Warum ich meinen „Bergweg" unbedingt hier gehen möchte, ist eine Entscheidung aus dem Bauch heraus und nicht an irgendwelchen äußeren oder inneren Notwendigkeiten festzumachen. Auf mich übte der Runde Berg schon immer eine große Anziehungskraft aus und doch vergingen viele Jahre, bis ich ihn zum ersten Mal bestieg.

Der einst kahle Gipfel ist heute dicht bewachsen.

Über viele tausend Jahre siedelten die unterschiedlichsten Kulturen auf seinem Gipfelplateau und den Terrassen unterhalb des Gipfels. Sie bauten hier Wohnstätten, Festungen, Rückzugsgebiete und Opferstätten. Zahlreiche Funde belegen die Bedeutung dieses Berges in früheren Kulturen. Prächtige Schmuckgegenstände, Waffen, Alltagskeramik oder Werkzeuge zeigen die Vielfalt des Lebens und Sterbens auf dem Berg. In den Zeiten der intensiven Besiedlung war der Runde Berg vermutlich kahl an seinen Hängen. Das Holz wurde zum Bauen, Kochen und Heizen verwendet. Der Glanz und die Größe der Siedlungen und Festungsanlagen waren weithin sichtbar.

Heute ist der Berg dicht mit Bäumen und Sträuchern bewachsen. Ein Wanderweg führt durch das einzigartige, fast an einen Urwald erinnernde Naturschutzgebiet Rutschen. Die offenen Wunden verschiedener Grabungskampagnen sind längst wieder von der Natur verschlossen worden und nur die Grundsteine der früheren Siedlungsgebäude erinnern an die menschlichen Eingriffe.

Das Ziel des Weges auf einen Berg ist niemals der Gipfel, sondern kann nur der Weg selbst sein. In der Überwindung der eigenen Schwere, im Hinaufsteigen, in der Wahrnehmung der Anstrengung, im Rhythmus aus Atmen und Gehen. Das tiefe Luftholen lässt mich die Gerüche des

Die Mauerreste der alten Siedlungen

Waldes, der Kräuter und der Moose aufsaugen und der Duft breitet sich wohlig in mir aus. Der Weg auf einen Berg ist für mich immer auch eine Schulung und Erfahrung aller meiner Sinne, eine Konzentration auf das Wesentliche. Je höher und steiler der Weg mich führt, desto leichter fühle ich mich. Das Dach aus Blättern und Ästen öffnet sich, und das Blau des Himmels wird sichtbar, die ersten Sonnenstrahlen erfassen mich und ziehen mich weiter hinauf. Es ist still, keine Gedanken mehr an den Weg, der hinter mir liegt, an gestern, an morgen. Es zählt nur der Augenblick auf dem Weg mit mir allein. Die wohltuende Wirkung dieses Weges liegt im Tun, im Gehen, im Fühlen. Im Tal rücken Lärm, Hektik und Betriebsamkeit in weite Ferne, ich gewinne wohltuenden Abstand. Ständig gefangen im Geschehen, in Ansprüchen, Sorgen und Nöten fehlt oft die Distanz, um etwas in der angemessenen Relation und Größe zu betrachten. Alles stürzt dann auf mich ein, und selbst eine Fliege, direkt vor meinem Auge, wird bedrohlich. Ein Berg verändert die Perspektive.

Auf dem Gipfelplateau angekommen, gönne ich mir Zeit für mich. Die Landschaft hier oben ist weit weg von der übrigen Welt. Zeitlos, nur im Augenblick. Auf einer Holzbank, die vor ein paar Büschen und Bäumen steht, lehne ich mich weit zurück und genieße die wunderbar warme Sonne dieses Tages.

Riechen Sie den Duft des Mooses?

In der Umgebung

Der Albtrauf am Rutschen, am Runden Berg, Camererstein und Schloss-berg (Ruine Hohenurach) ist einzigartig schön. Die meisten Menschen zieht es an den Wochenenden zu den Wasserfällen und ins Maisental, deshalb sollte, wer die Stille und Schönheit dieser Plätze und Land-schaft erleben möchte, früh aufstehen oder ein paar Tage Urlaub unter der Woche nehmen. Nimmt man sich aber diese extra Portion Lebens-zeit wird man mit unendlich vielen Sinneseindrücken und Erfahrungen belohnt. Als Ausgangspunkt für die Wanderungen am Albtrauf entlang empfiehlt sich Bad Urach. Aber auch von der Albhochfläche aus gibt es eine Vielzahl von Wanderwegen an die Traufkante, und so bietet sich vielleicht auch der eine oder andere gemütliche Landgasthof in St. Johann als Quartier oder zur Einkehr an.

Wegbeschreibung

Den Runden Berg erreicht man von Bad Urach aus in Richtung Maisen-tal fahrend. Dort parkt man am Wanderparkplatz am Bahnhof und folgt der Beschilderung. Ein Weg führt hinauf durch das Naturschutzgebiet Rutschen. Ein anderer Weg führt über den Gütersteiner Wasserfall zum Gipfel. Aus den beiden Aufstiegen lässt sich auch ein circa 7,5 Kilome-ter langer Rundweg kombinieren. Es lohnt sich, für den Runden Berg und den Gütersteiner Wasserfall einen Tag Zeit zu nehmen.

Der Rutschenfelsen am Albtrauf oberhalb Bad Urachs

Ein „Blitzbaum" im Wald am Runden Berg

Die Ruine Holstein – ein Ort zum Mut schöpfen

Tief verborgen im Wald oberhalb von Stetten unter Holstein liegt die Ruine Holstein, ein ganz besonderer Platz der Stille und Kraft. Den Zugang markiert ein Tor in der alten Burgmauer. Hier liegt die erste unsichtbare Schwelle zu diesem wundersamen Ort. Der Innenbereich der einst großen Burganlage erstreckt sich über einen Felsen mit verschiedenen Ebenen, Ecken und Nischen. Große, starke Bäume haben von den Mauerresten Besitz ergriffen und behüten diesen Ort.

Die Ruine Holstein ist für mich ein Rückzugsraum, ein geschützter Rahmen, um innere und äußere Stille intensiv zu erleben. Die Mauerreste der Burg lassen noch deutlich ursprüngliche Stärke und Ausstrahlung erahnen und fühlen. Manchmal begegne ich Menschen, deren Mauern ebenfalls fühlbar sind. Sie konnten sich nicht anders schützen, als

„Achte gut auf diesen Tag
denn er ist das Leben –
das Leben allen Lebens.
In seinem kurzen Ablauf
liegt alle Wirklichkeit
und Wahrheit des Daseins,
die Wonne des Wachsens,
die Herrlichkeit der Kraft.
Das Gestern
ist nichts als ein Traum,
und das Morgen
nur eine Vision.
Aber das Heute
– richtig gelebt –
macht jedes Gestern
zu einem Traum
voller Glück
und das Morgen
zu einer Vision
voller Hoffnung.
Achte daher wohl
auf diesen Tag."
(aus dem Sanskrit)

Stein um Stein um ihre verletzte Seele aufzubauen. Nach außen gelten sie als stark und gefestigt. Innerlich halten sie ihre Schmerzen und Wunden kaum aus. Sie versteinern, kaum ein Licht dringt mehr durch die dicken Mauern. Manchmal sieht man die Härte, das Leid und die Verzweiflung dieser Menschen in deren Augen.

Diese Gedanken stiegen in mir auf, als ich nach langer Zeit wieder die Ruine Holstein besuchte. Was ist es, das mich immer wieder zu alten Burgen zieht? Warum faszinieren mich die zerfallenen Reste der einstigen Pracht und Stärke? Es ist vielleicht das Bild des Lebens und des Leidens, das sich in alten Burgen und Gebäuden zeigt. Einst als Schutzpanzer vor feindlichen Übergriffen gebaut, hat die Lebenskraft der Natur längst die Mauern weich gemacht. Kleine Baumschösslinge haben sich entschlossen, zum Himmel zu wachsen, und ihre Wurzeln mit aller Kraft in den Stein getrieben. Der ewige Kreislauf des Lebens hat sich die einstige Trutzburg einverleibt. Der Turm, früher Symbol der Macht und Größe, ist ein brüchiger Rest geworden. Nicht mehr Fremdkörper, sondern fast schon wieder ein Teil des Waldes, der ihn umgibt. Im Herbst gibt die Natur den Mauern und der Burg die Farben des Lebens und Sterbens zurück. Das warme Licht der Herbstsonne taucht den Wald in fast unwirklich schöne Rot- und Brauntöne, Farben des Herzens und Farben der Erde. Die Mauern sind gebrochen, die Ruinen sind wieder zum Leben erwacht.

Der alte Burgplatz auf dem „Hohlen Stein" ist ein Ort, der Mut macht. Mut zur Öffnung der inneren Schutzwälle und Mauersteine, Mut zur Freiheit: Oben auf den Resten des Burgfrieds, den Wind spüren und weit hinunter ins Tal blicken, tief durchatmen und Neues wagen.

In diesen Mauern wurde einst gelacht und gefeiert, geweint und getrauert, geliebt und gerichtet, geboren und getötet. Heute stehen hier die Bäume als Symbol für die Unendlichkeit des Lebens. Im Frühjahr die Kraft des Keimens, dann die betörende Schönheit und der Blütenduft, das intensive Grün und schließlich das Vergehen mit unfassbar schöner Farbenpracht. Und nach einer Zeit der Ruhe beginnt der Kreislauf von neuem. Welche unglaubliche Kraft und Hoffnung in diesem

Der Innenhof der Burg

Kreislauf ist, zeigt uns das Bild des Gingko-Biloba-Baumes im vollkommen zerstörten Hiroshima. Inmitten dieser Wüste des Todes zeigte sich in dem vollkommen verbrannten Baum bald wieder ein grüner Trieb. Vielleicht hilft dieses Bild auch, den einen oder anderen Stein aus den inneren Mauern behutsam zu entfernen und wieder auf die innere Kraft zu vertrauen.

Unterhalb der Ruine, im Burgfelsen, gibt es zwei weitere Plätze, die mir viel bedeuten, aber mit Vorsicht und Bedacht zu besuchen sind. Die Höhlen bieten einen besonders geschützten Rahmen zur Einsamkeit und inneren Stille. In dieser Einsamkeit befindet sich der Spiegel der eigenen Seele. Es ist aber auch ein Ort der Meditation und des Schweigens. Geborgen im Felsen, abseits der Welt, kann man hier sitzen und die inneren Kräfte neu bündeln und ausrichten. Dazu bedarf es keiner fernöstlichen Techniken oder Körperhaltungen, sondern der inneren Bereitschaft innezuhalten und sich selbst wahrzunehmen. Was passiert gerade mit mir? Wo stehe ich? Wie geht es mir? In welchen menschlichen Beziehungen lebe ich? Wichtig ist es, an einem solchen Platz nicht zu grübeln, sondern die Gedanken fließen zu lassen und Geduld für die Antworten zu entwickeln. Wer kennt nicht die verzweifelte Suche nach etwas, dass in einem Moment des Loslassens plötz-

Eine Grillstelle im Innenhof

Höhle im Burgfelsen

lich da ist? So ist es auch mit der Seele. Man kann sie nicht beliebig hinbiegen und zusammenpressen, sondern muss ihr den Raum zur Erholung geben.

In der Umgebung

Von der Ruine Holstein aus führen mehrere Wege hinunter ins Tal zu einem Spaziergang an der Lauchert oder in das Tal der Erpf. Dem Wasser zu folgen und die Erfahrung auf dem Burgberg wirken zu lassen, ist vielleicht ein guter Abschluss des Tages. Einen Genuss für alle Sinne kann man bei Gerd und Silke Windhösel im Hirsch in Erpfingen erleben. Zum Abschluss eines wunderbaren Tages einen großen Wein und ein glanzvolles Essen zu genießen, ist auch ein Stück inneres Wohlgefühl, das durchaus, zumindest für eine kurze Zeit, glücklich machen kann.

Wegbeschreibung

Stetten unter Holstein erreicht man aus dem Landkreis Reutlingen über Sonnenbühl-Erpfingen auf der Landstraße L382. In Stetten folgt man der Beschilderung Richtung Sportplatz, der sich oberhalb des Neubaugebietes auf der linken Talseite befindet. Nachdem man die letzten Häuser des Ortes hinter sich gelassen hat, parkt man an einer Wegkreuzung am Waldrand und sucht auf der rechten Hangseite den schmalen, ausgeschilderten Pfad, der hinauf zur Ruine führt.

Abendstimmung im Burghof

Die Hütte am Geißberg – den Augenblick genießen

„Den Augenblick
immer als den
höchsten Brennpunkt
der Existenz,
auf den die ganze
Vergangenheit
nur vorbereitete,
ansehen und genießen,
das würde Leben heißen!"
C. F. Hebbel (1813 – 1863)

Es muss eine Zeit gegeben haben, in der die Menschen die besondere Kraft und Bedeutung eines Ortes intensiver wahrgenommen haben als die meisten von uns heutzutage. Es gab für viele Plätze klare und teils auch drastische Verhaltensregeln. Wer beispielsweise Wasser verunreinigte oder natürliche Grenzmarkierungen wie alte Bäume und Felsen zerstörte, wurde bei den Germanen meist mit dem Tode bestraft. Sie kannten bereits heilige Wälder, heilige Plätze und heilige Bäume. Wer unbefugt oder mit bösen Absichten diese Stätten betrat, dem drohten ebenfalls drastische Strafen. Der moderne, aufgeklärte Mensch setzt sich über das jahrtausendealte spirituelle Wissen hinweg und nutzt die besonderen Plätze auf Bergen, an Quellen, in Tälern, in Städten und Dörfern rücksichtslos und oft auch zerstörerisch.

Mit dem Verlust des alten Wissens um die Kräfte der Erde ging uns auch eine wichtige Quelle zum Kraft Schöpfen verloren. Der Besuch eines Ortes der Stille und Kraft ist immer auch mit „Innehalten", Selbstwahrnehmung und einer Sensibilisierung aller Sinne verbunden. Die äußeren und inneren Kräfte wahrzunehmen, den Boden unter den Füßen bewusst zu spüren, bringt mich immer wieder in die Gegenwart zurück. Es ist dieser kurze Augenblick im Hier und Jetzt, der uns neue Kraft schenkt. Für einen Augenblick die Sorgen um das Morgen und die Gedanken an das Gestern ganz loslassen und einfach nur sein.

Die Hütte am Geißberg zwischen Ödenwaldstetten und Eglingen, am Rande einer Wacholderheide gelegen und weit entfernt vom Zivilisationslärm, ist ein wundersamer Ort der Stille. Es ist aber auch ein geschundener Ort, wie die leeren Flaschen und Grillreste zeigen. Und trotzdem hat dieser Platz bis heute seine Kraft erhalten und gibt uns Menschen gerne etwas davon ab.

Für mich ist das Besondere an diesem Platz, dass ich immer wieder neue Ruhepunkte finde und genießen kann. Hierher komme ich, wenn mich meine Wege an diesem Ort vorbeiführen. Dann ist es ein kurzer

Ein Steindenkmal aus neuerer Zeit am Geißberg

Abstecher – ein paar wohltuende Schritte gehen und eine Weile tief durchatmen, raus aus dem Alltagsstress, die Wärme und Schönheit dieses Platzes erleben. An diesem Platz lebt keine Vergangenheit, sondern die positive Kraft der Gegenwart und Zukunft. Selbst das Totholz in der Wacholderheide erinnert nicht an Tod und Sterben, sondern ist eine Skulptur, die neues Leben schafft.

Als ich nach einiger Zeit wieder hierher kam, um für dieses Buch zu fotografieren, entdeckte ich den Stein, den ein sorgender Mensch aufgerichtet hat, vielleicht um diesen Ort zu heilen und seine Kraft zu erhalten. Ein Zeichen für alle Menschen, die an diesen Platz kommen. Man sollte niemals nur einen Ort (be-)nutzen, sondern sich bei jedem Besuch für die Kraft und Stille bedanken und wenn möglich, dem Platz auch etwas zurückgeben.

In der Umgebung
Bei Ödenwaldstetten, auf den Weiden der Hohensteiner Hofkäserei, leben die Albbüffel. Das inzwischen weithin bekannte Urviech der Schwäbischen Alb strahlt eine Ruhe und Gelassenheit aus, um die es von manchen Menschen beneidet wird. Wer diese Ruhe intensiver beobachten und erleben möchte, der kann sich bei Familie Rauscher in eines ihrer Ferienhäusle einmieten, täglich frischen Albbüffel-Käse aus der eigenen Hofkäserei genießen und entspannt die Seele baumeln lassen. Auf dem Weg vom Geißberg nach Ödenwaldstetten lohnt ein Stopp im Kindernaturschutzgebiet Hüttenstuhlburren. Es ist ein schöner Ort zum Kraft tanken, den ich bereits im Buch „Kraftorte und Kraftwege" beschrieben habe.

Wegbeschreibung
Von Ödenwaldstetten nach Eglingen führt die Landesstraße 248 auf eine kleine Anhöhe hinauf. Man fährt am Kindernaturschutzgebiet Hüttenstuhlburren, das an der linken Straßenseite liegt, vorbei und biegt nach ungefähr 700 Metern rechts auf einen asphaltierten Weg ab, der zum Wanderparkplatz am Erdbeerberg führt. Vom Wanderparkplatz aus geht man parallel zum Wald circa 1,5 Kilometer in Richtung „Naturschutzgebiet Geißberg". Am Rande des Naturschutzgebietes, in einer Weggabelung, liegt die Schutzhütte.

Eine Baumskulptur in der Wacholderheide

Der Buchstock bei Hayingen –
Bäume, die Geschichten erzählen

„Von den Eichen sollst du weichen
und die Weiden sollst du meiden.
Zu den Fichten fliehen mitnichten,
Doch die Buchen musst Du suchen!"
(Volksmund)

Der Buchstock bei Hayingen liegt direkt am Rand des Weges, der hinunter zur Maisenburg führt. Bei den Erkundungstouren zur „Expedition Schwäbische Alb" bin ich das erste Mal an diesen Ort gelangt und habe staunend, ja fast ehrfurchtsvoll, die schönen alten Buchen betrachtet, die dort über viele Jahrzehnte gewachsen sind. Dazwischen steht eine alte verfallene Bank und auf der gegenüberliegenden Seite erinnert ein kleiner Holzkasten mit einer Mahnschrift an den tragischen Tod eines Schäfers und seiner Schafherde auf den Wiesen vor der Maisenburg. Er wurde dort 1822 mit seinen 225 Schafen tödlich von einem gewaltigen Blitz getroffen. Noch heute eine Mahnung an alle, die bei Unwettern die freie Hochfläche durchwandern wollen.

Einige Jahre später erinnerte ich mich an den Buchstock als wundersamen Ort der Stille. Ich machte mich nochmals auf den Weg dorthin, um die „Königinnen" des Albwaldes zu besuchen und ihre besondere Kraft zu fühlen.

Zur Erinnerung an den fürchterlichen Blitzeinschlag im Jahr 1822

Der Volksmund behauptet (natürlich zu Unrecht!), die Buche schütze vor dem Blitz. Tatsächlich fühlt man sich im Sommer, wenn die weit ausladenden Blätterkronen wohltuenden Schatten spenden, an diesem Platz besonders behütet. Auf der Alb wachsen die schönsten und imposantesten Buchenwälder Deutschlands. Hier werden die Bäume bis zu 45 Meter hoch und bis zu 160 Jahre alt. Die hochgewachsenen, bis weit hinauf astlosen Stämme, das diffuse Licht und das Blätterdach im Buchenwald erinnern mich immer wieder an Kathedralen und Kirchenschiffe. Manchmal kann man beobachten, wie Menschen unbewusst ihre Stimmen senken, wenn sie einen schön gewachsenen Buchenwald betreten.

Der Buchstock ist im Frühjahr und Sommer ein Platz für eine kurze Auszeit. Die Baumpersönlichkeiten geben diesem Ort einen guten Halt. Im Herbst verändert sich der Charakter des Buchenhains. Das Behütende tritt zurück, die Bäume werden zu Baumgestalten und zeigen ihre faszinierenden Wuchsformen. Es sind knorrige, verwachsene Geschichtenerzählerinnen dabei, andere erinnern an ineinander verschlungene Liebespaare. Buchen haben durch ihre Herzwurzeln einen guten Stand

Ausblick zur Maisenburg

und trotzen manchen Stürmen, bei denen andere Bäume entwurzelt werden. Freistehende Buchen, die als Weidebäume genutzt wurden, zeigen manchmal bizarre Wuchsformen. Wenn die jungen Triebe der Bäume immer wieder von Weidetieren abgefressen werden, schlägt die Buche, um zu überleben, immer wieder neu aus. So entstehen vielstämmige Bäume, die im Laufe der Zeit zusammenwachsen und einen meist kurzen, dicken, knorrigen Stamm bilden. Diese Weidbuchen sind mir besonders ans Herz gewachsen. Ihre Lebenskraft ist deutlich zu fühlen, und jeder einzelne Baum kann viele Geschichten erzählen.

Damit hat auch der Name „Buche" zu tun, mit Büchern und Buchstaben. In den „buohstap" (Buchenstab) wurde das germanische Runenalphabet geritzt. Das Wort „Runen" bedeutet „Geheimnis". In „Geraune" haben sich Wortstamm und Bedeutung bis heute erhalten. Die germanische Mythologie erzählt die Geschichte von Idun, der Hüterin des magischen Apfels, die ihrem Gatten Bragi, dem Wotansohn, die ersten Runen in die Zunge ritzte. Dadurch erhielt er die Kraft der Worte und wurde als der Größte aller Barden berühmt. Die Macht der Runen wird in vielen germanischen Ritualen deutlich und hat sich bis heute

Bildstock bei den Buchen

als Macht der Worte erhalten. Zur Weissagung wurden Runenstäbe aus Buchenholz geworfen, da die Buche den Segen der Götter hatte. Die Kraft der Weissagung wird diesem Baum seit vielen Jahrtausenden zugesprochen.

Der Buchstock bei Hayingen ist ein Ort der Worte, der Geschichten, der Vergangenheit und Zukunft. Vielleicht ist es auch ein Ort der Fragen und Antworten. Was mache in ein paar Jahren? Wohin führt mich mein Leben weiter? Welche Wege warten auf mich? Ob die Bäume eine Antwort wissen, muss jede und jeder für sich selbst ausprobieren. Manchmal hilft es auch, sich in Ruhe mit diesen Fragen zu beschäftigen und sich die Zeit für sich selbst zu nehmen.

In der Umgebung

Nur ein paar Schritte weiter, am Rande des Buchstocks, hat man einen wunderbaren Blick über Wiesen und alte Streuobstbäume zur Maisenburg. Die einst frei zugängliche Ruine ist heute Teil eines kleinen Refugiums mit exklusiven Ferienwohnungen. Der Weg dorthin ist gesäumt von Obstbäumen und führt hinunter ins Lautertal, an einen schönen Grillplatz mit Liegewiese und Spielgeräten. An manchen Stellen dieses alten Talwegs sieht man noch die uralte Pflasterung der Steige. Die Steine zur Wegbefestigung sind senkrecht in den Boden versenkt worden und haben sich im Lauf der Jahrhunderte rundlich, glatt abgeschliffen. Wenn es nass ist, sollte man unbedingt am Rand gehen, da sich sonst ein Sturz auf den spiegelglatten Steinen kaum vermeiden lässt.

Wegbeschreibung

Von Reutlingen aus fährt man über Pfullingen auf die Alb und dann über Hohenstein-Bernloch, Ödenwaldstetten, Eglingen und Ehestetten nach Hayingen. In Hayingen angekommen folgt man der Beschilderung zum Lauterdorf, fährt an diesem aber rechts vorbei und gelangt nach ungefähr einem Kilometer direkt zum Buchstock.

Wunderschöne Buche im Buchstock

Im Heiligental bei Bremelau – durchatmen und Gedanken sortieren

„Geh deinen Weg ruhig mitten in Lärm und Hast, und wisse,
welchen Frieden die Stille schenken mag."
(Altirischer Segenswunsch)

Am Wanderparkplatz bei Wittstaig im Großen Lautertal herrscht an schönen Tagen Hochbetrieb. Immer wieder neue Autos bringen Menschen, die entlang der Lauter wandern oder Rad fahren möchten.

Nur in das Heiligental verirrt sich an diesen Tagen fast niemand. Für mich ist es immer wieder ein Erlebnis, dass bereits nach wenigen Metern in diesem Tal der Lärm und Trubel zurückbleibt und bald nur noch als dumpfes Grummeln zu hören ist.

Die Landschaft im Heiligental ist von Gegensätzen bestimmt. Die Südseite des Tales ist eine langgezogene Wacholderheide, die immer wieder von Geröllhalden durchbrochen ist und im oberen Bereich in dichten Wald übergeht. Es ist die warme Seite des Tales. Wenn man an Geröllhalden stehen bleibt, kann man deutlich spüren, wie die Steine die gespeicherte Sonnenwärme abgeben. Man möchte sich am liebsten mitten auf diese Steine setzen oder legen und die Wärme genießen.

Die andere Talseite ist dicht bewaldet. Das Unterholz, Fichten, Buchen und andere Laubbäume reichen bis fast an den Wegrand und bilden eine scheinbar undurchdringliche grüne Wand. Auf der Wacholderheide hingegen trifft man immer wieder auf einzeln stehende Baumpersönlichkeiten, die an ihrem erhabenen Standort eine besondere Schönheit und Ausstrahlung entfalten. Bei meinem letzten Spaziergang im Heiligental hatte bereits der Herbst Einzug gehalten und die Bäume präsentierten sich in unglaublichen Gelb-, Rot- und Brauntönen. An solchen Tagen erlebt man wundersame Momente auf der Alb. Das besondere Herbstlicht, das opulente Farbenspiel der Vergänglichkeit und ein mystischer Nebelschleier, der bereits in den frühen Abendstunden durch die Täler zieht und Bäume, Büsche oder auch Felsen schweben lässt, verzaubern nicht nur die Landschaft, sondern auch die Menschen, die in diesen Stunden in der Natur unterwegs sind.

Das Heiligental ist einer der uralten Verbindungswege auf die Hochfläche in Richtung Donautal. Die lange, sanfte Steigung machte auch ein Befahren mit Ochsenkarren möglich, und vermutlich wurde über diesen Weg auch das Korn hinunter zu den Bannmühlen im Tal gebracht. Seinen seltsamen Namen hat das Tal vermutlich nicht von einem Heiligen, sondern von ehemaligen kirchlichen Herren, die diesen Weg nutzten, um zu ihren Gütern und ihren „Schäflein" zu kommen. So finden wir ganz in der Nähe alte Flurnamen wie Mönchbuch, Klösterle und Kirchweg, die ebenfalls auf ehemalige kirchliche Besitztümer hinweisen. Der Ort Bremelau gehörte lange Zeit dem Kloster Obermarchtal. Ob sich hier auch ein kleines Kloster befand, kann nicht mehr nachgewiesen werden, könnte aber durchaus möglich sein. Vielleicht findet man irgendwann im Mönchbuch oder am Klösterle die Reste einer solchen Anlage.

Für mich ist das Heiligental ein Ort zum Durchatmen, um meine Gedanken zu sortieren und aufzuräumen. Die leichte Steigung strengt zwar nicht sonderlich an, erfordert aber doch einen Rhythmus beim Gehen, um nicht außer Atem zu kommen. Es ist kein Weg, um Aggressionen und Spannungen abzubauen. Im Heiligental kann man in aller Stille nachdenken und vorangehen, nicht stehen bleiben und zurückblicken. Der Weg ist klar begrenzt und führt hinauf. Zum Ende, wenn er die Hochfläche erreicht, öffnet er sich wieder und gibt den Blick Schritt für Schritt frei, in eine andere, weite Landschaft, die sich nur durch Hecken, Wege und Waldstücke gliedert.

Sonntag im herbstlichen Heiligental

Wundersame Orte der Stille müssen nicht immer auf einen bestimmten Platz begrenzt sein. Stille ist für manche Menschen nur auszuhalten, wenn sie diese durchschreiten und die Gedanken dem Rhythmus des Gehens folgen. Jeder Schritt ist etwas Neues, und noch nie habe ich zuvor meinen Fuß genau an diese Stelle gesetzt, auch wenn ich den

Weg schon oft gegangen bin. Antoine de Saint-Exupéry hat einmal gesagt: „Geh nicht nur die glatten Straßen, gehe Wege, die noch niemand ging, damit du Spuren hinterlässt und nicht nur Staub!". Wer in diesem Bewusstsein einen Weg geht, der wird unterwegs in seinem Inneren immer Spuren hinterlassen. Rundwanderwege sind eine praktische Einrichtung. Ich stelle mein Auto ab, wandere eine schöne Runde und komme wieder dort an, wo ich losgewandert bin. Viel schöner empfinde ich aber einen Weg, der einen Anfang und ein Ziel hat. Wenn ich das Ziel erreicht habe, ist der Weg zu Ende. Dann spüre ich, egal wie weit ich gewandert bin, eine innere Zufriedenheit. Ich habe es geschafft. Die Stärke dieses Glücksgefühls steigt übrigens nicht proportional mit der Länge des Weges, den man gegangen ist, sondern ist abhängig von den eigenen Fähigkeiten und Möglichkeiten. Für einen Rollstuhlfahrer ist die Überwindung einer kleinen Treppe eine riesige Aufgabe, für einen Wanderprofi ist eine 30 Kilometer lange Tagesetappe eine leichte Übung. Das Entscheidende ist nur, dass man sich einen Anfangspunkt und ein Ziel setzt und auch versucht, dieses über einen Weg zu erreichen. Auch wenn der Weg das Ziel ist, so fängt er doch irgendwo an und hört irgendwo auf.

Umgebung

Vom Heiligental kann man über die Burgruine Hohengundelfingen zurück zum Wanderparkplatz gehen. Die Ruine Hohengundelfingen ist ein besonderer Kraftort, den ich in meinem Buch „Kraftorte und Kraftwege" bereits beschrieben habe.

Wegbeschreibung

Der Ausgangspunkt für die Wanderung durchs Heiligental ist Wittstaig bei Gundelfingen im Großen Lautertal. Von Reutlingen aus führt der Weg ins Lautertal über Engstingen, weiter Richtung Münsingen und dann rechts ab Richtungen Gomadingen/Dapfen. Vorbei am Landgestüt Marbach folgt man der Lautertalstraße immer weiter das Tal hinunter, bis man Wittstaig erreicht. Dort kann man sein Auto auf dem Wanderparkplatz abstellen und folgt der Beschilderung durchs Heiligental bis hinauf zur Albhochfläche. Möchte man einen Rundweg wandern, bietet es sich an, durch das Braintal nach Dürrenstetten zu wandern und von dort über die Burgruine Hohengundelfingen wieder hinunter nach Gundelfingen und weiter nach Wittstaig zu wandern (Gesamtstrecke des Rundwegs circa 6 km).

Was schön ist:

„Eine Wiese im Morgentau.
Der erste Sonnenstrahl nach Regentagen.
Eine Stunde absoluter Stille.
Und dein Gesicht
das im Schlaf lächelt."
Frank (2007)

Die Lourdesgrotte in Bremelau – mit sich ins Reine kommen

„Ich habe den Wolken drei gute Wünsche für Dich mitgegeben:
die Weite des Meeres, die Klarheit des Windes
und jede Menge Sonne."
(unbekannt)

Die Lourdesgrotte in Bremelau entdeckte ich bei meiner Wanderung auf den alten Wegen der Mönche und Nonnen über die Alb (beschrieben in „Mönchswege und Klostergeschichten"). Im Ort findet sich kein Hinweis auf die Grotte und so war es eine Einheimische, die mir diesen Tipp gab. Bereits bei meinem ersten Besuch der Lourdesgrotte war ich tief berührt von diesem Ort des Glaubens, von der liebevollen Pflege, die ihm zu Teil wird und von der Kraft, die ich hier spürte. Für mich ist ein solcher Flecken Erde nicht einer bestimmten Konfession vorbehalten oder bedarf eines besonderen inneren Glaubens. Heilige Orte sind Stätten für alle Menschen, die innere Einkehr halten wollen, die beten und gedenken möchten, die Zuflucht und neue Kraft suchen.

Es sind Plätze des inneren Dialogs, der Trauer, der Verzweiflung und des Trostes. Der Kreuzweg, der zur Bremelauer Lourdesgrotte hinführt, ist der „Via Dolorosa" nachempfunden, die den Leidensweg von Jesus auf seinem letzten Gang zur Kreuzigung beschreibt. Auf dem Kreuzberg angekommen, steht man inmitten einer parkähnlichen Landschaft mit vielen unterschiedlichen Laubbaumarten. Liebevoll angelegte Blumenrabatten schmücken die kleine, offene Kapelle, in der sich die Grotte befindet. Die besondere Stimmung dieses Platzes verzaubert mich immer wieder, sie hat etwas Geheimnisvolles und sie macht die Menschen still. Unwillkürlich gehen Unterhaltungen in ein Flüstern über und fast scheu nähert man sich der Grotte. Vor der Lourdesgrotte stehen sich zwei Holzbänke gegenüber und in den mit Kalkstein gemauerten Wandnischen finden sich die Jungfrau Maria und eine Schwarze Madonna, die in der Darstellung an die berühmte Gnadenfigur in Altötting erinnert.

Menschen, die zu mir ins Stillhammerhaus kommen und dringend neue innere Kraft und Ruhe suchen, schicke ich zuerst einmal an diesen Platz zum Luft Holen und „Ankommen". Auch wenn die Geräusche der nahe gelegenen Bundesstraße manchmal die äußere Stille stören, kann man an der Lourdesgrotte innere Stille erleben. Der kleine Park ist ein ordnendes Element an diesem Platz. Die Aufgeräumtheit, die liebevolle Pflege der Blumen und die geschmückten Altäre in der Grotte sind nicht nur schön anzusehen, sondern tun auch der Seele gut. So ist

Die Marienfigur in der Lourdesgrotte

es auch ein Platz zum Sortieren und Aufräumen in Zeiten der inneren Unordnung. An manchen Tagen, wenn ich das Gefühl habe, im Strudel des Alltags zu ertrinken und die Berge von Arbeit unüberwindbar erscheinen, gehe ich den Kreuzberg hinauf zur Lourdesgrotte und halte bewusst inne. Ein neues Wort für diesen Zustand ist „Entschleunigung". Mir gefällt dieses Wort, weil es das „zur Ruhe Kommen" mit dem kraftvollen Begriff der „Beschleunigung" verbindet. Zur Ruhe kommen heißt für viele Menschen Stillstand, Schlafen, Urlaub, Kur. Ich empfinde innere Ruhe nicht als Stillstand, sondern als einen kraftvollen und bewussten Schritt nach vorne. Nur wenn ich mich regelmäßig sortiere, immer wieder bewusst seelischen Ballast ablade und in der Hektik des Alltags nicht alles auf mich lade, kann ich wieder neue Schritte und Wege in meinem Leben gehen. In die innere Stille gehen ist immer eine bewusste Entscheidung weiterzugehen.

Als im Jahr 2007 der erste Abschnitt einer Ausbildung in Geomantie im Stillhammerhaus stattfand, erzählte ich meinen Gästen von der Lourdesgrotte und ich war gespannt, wie sensibilisierte, offene Menschen diesen Platz empfinden würden. Sie waren tief beeindruckt von seiner Kraft und machten mich darauf aufmerksam, dass wohl unbewusst eine Herzform zur Gestaltung dieses Ortes gewählt wurde. Vielleicht drückt sich darin auch die Sehnsucht der Menschen in der Entstehungszeit der Lourdesgrotten aus. Sie wurden vielerorts zwischen den Jahren 1870/71 und dem Ersten Weltkrieg geschaffen. Die Menschen wollten auch ein Wunder an diese Plätze holen, so wie es in der echten Lourdesgrotte in Frankreich geschehen war. Es sind bis heute überall auf der Welt Wallfahrtsorte, zu denen Menschen ihre Sorgen und Krankheiten tragen, um Hilfe und Heilung zu erfahren. Welche Bedeutung und Wirkung dieser besondere Ort hat, wird jeder Besucher selbst spüren. Was man mitnimmt von hier, ist aber abhängig davon, was man bereit ist, diesem Platz zu geben

Wegbeschreibung

Bremelau erreicht man über Münsingen in Richtung Ehingen auf der Bundesstraße 465. Die Lourdesgrotte liegt am Kreuzberg, links von der Bundesstraße. In Bremelau biegen Sie die erste Straße nach links ab und fahren über die Brücke. Auf der rechten Seite sieht man den Kreuzberg.

Die Schwarze Madonna in der Lourdesgrotte

In der Umgebung

Bremelau befindet sich oberhalb des Lautertals, und es sind nur wenige Kilometer hinunter an den über weite Strecken noch frei fließenden kleinen Fluss, der in Offenhausen entspringt und nach einigen Kilometern in die Donau mündet. Allerdings schlängelt sich an schönen Wochenenden ein langer und lauter Lindwurm aus Blech über die Talstraße und spuckt an den Wanderparkplätzen freizeitbewegte Menschentrauben aus, die zu Fuß oder auf dem Fahrrad dem Flusslauf folgen. Ich kann diese Begeisterung für das romantische Tal durchaus verstehen und freue mich dabei insgeheim, dass an diesen Tagen die Albhochfläche weitgehend verschont wird und es somit auch an den Wochenenden eine Vielzahl wunderbarer, ruhiger Wanderwege durch endlose Buchenwälder gibt.

Am schönsten ist es im Lautertal an den Wochentagen. Frühmorgens und in den frühen Abendstunden erzeugt das Licht eine ganz besondere Stimmung entlang der großen Lauter und die Stille dieser Stunden wird dann nur vom geschäftigen Treiben der Talbewohner begleitet.

Der Grillplatz in der Nähe der Lourdesgrotte

Blick ins Lautertal von der Ruine Hohengundelfingen

Burgruine Hohenhundersingen –
sich in der Welt geborgen fühlen

„Nur wenn wir sorgsam und liebevoll mit uns umgehen,
können wir uns geborgen fühlen.
Wo wir Geborgenheit finden, entscheiden wir
immer selbst."
Frank, 2007

Stille aushalten und zur Ruhe kommen ist immer eine große Herausforderung. Umgeben vom Lärm des Alltags, versponnen in dauernde Kontakte nach außen – Telefonate, E-Mails, Nachrichten und Werbung –, findet keine tiefere Auseinandersetzung mit mir selbst statt. Ich reflektiere mich in meine Außenwelt und werde von dieser wahrgenommen. Wenn ich aus dieser Welt voll Elan und Motivation in die Stille gehe, ist es fast nicht auszuhalten, und viel zu viele Gedanken schwirren in meinem Kopf herum.

In dieser Situation sollte ich Orte wählen, die an der Schwelle zur Stille liegen, die den Bezug zur Welt um mich herum aufrechterhalten. Wir sind teilweise abhängig geworden vom Lärm und dem Chaos, das uns umgibt. Also sollten wir uns langsam und bewusst entwöhnen und uns nicht überfordern.

Die Bank unter dem jungen Mehlbeerbaum

Die Bank unter dem Mehlbeerbaum an der Burgruine Hohenhundersingen, hoch über dem Lautertal, ist ein solcher Schwellenort. Er hat
mir bereits bei meinem ersten Besuch sehr gut getan. Der noch junge
Mehlbeerbaum gilt als Symbol der Ausdauer und Zähigkeit. Er hat
einen guten Stand auf dem harten Felsen und behütet die Ruhebank
mit seinem Blätterdach. Hier kann ich behutsam Abstand gewinnen

und Dinge, die mich bewegen, in Ruhe ansehen. Hoch oben auf dem Burgfried kann ich durchatmen und alle Sorgen in den Wind schicken, damit er sie fortträgt.

An den Bäumen am Wanderparkplatz (siehe Wegbeschreibung) befindet sich ein Wegzeichen des Schwäbischen Albvereins, ein gelbes Dreieck mit dem Hinweis auf die Ruine Hohenhundersingen. Der Weg führt in Serpentinen durch den Wald hinunter zur Talkante. Nach einigen Metern sind die ersten Reste des ehemaligen Burgfrieds durch das Herbstlaub sichtbar, und meine innere Neugierde auf diesen Ort wächst. Bisher war ich meistens zur Ruine Hohengundelfingen gewandert, die ganz in der Nähe weiter talwärts liegt. Seitdem ich im Stillhammerhaus einen neuen Platz zum Leben und Arbeiten gefunden habe, komme ich häufig durch Hundersingen und es war jetzt endlich an der Zeit, diesen Platz zu erkunden und zu erfahren.

Das letzte Stück des Weges gehe ich um einen gewaltigen Felsen herum bis zu einer Ruhebank und einem Mehlbeerbaum. Die Bank steht direkt vor einem verwitterten Kalkfelsen, den die Herbstsonne aufgewärmt hat. Von unten dringen immer noch die Geräusche der Straße und des Ortes aus dem Tal herauf. Hier oben ist kein Ort der äußeren Stille und Einsamkeit, sondern ein Platz der Geborgenheit, des Rückzugs und der Träume. Der Bezug zur Welt um einen herum geht nicht verloren. Nicht immer halte ich die große Stille und Einsamkeit anderer Plätze aus. Wenn meine Hektik, meine Unruhe und Anspannung zu groß sind, ist es manchmal besser, Orte der Stille aufzusuchen, die an der Grenze liegen und mich nicht zu intensiv mit mir selbst konfrontieren.

In dieser Konfrontation liegt immer auch die Gefahr der Stille und Einsamkeit. Es gibt Menschen, die für einige Tage vollkommen alleine in eine Höhle oder den Wald gehen – dahinter steckt die tiefe Sehnsucht, sich intensiv selbst zu erfahren und zu spüren. Aber halte ich mich auch aus? Kann ich die Bilder, Erlebnisse und Schmerzen meiner Vergangenheit wirklich hervorholen und nochmals betrachten oder gar durchleiden? Es ist ein Spiel mit dem Feuer, das einen Menschen in der Einsamkeit zerbrechen kann. Als ich vor einigen Jahren einem

Mächtige Felsen bei der Ruine Hohenhundersingen

Mann begegnet bin, erinnerte mich dieser Mensch an einen Spiegel, der in tausend Stücke zerbrochen war. Es war ein unheimlich mühevoller Weg, bis er sich endlich wieder als Ganzes wahrnehmen konnte.

Nach einiger Zeit bekomme ich Lust, die Burgruine zu erkunden und stoße dabei auf ein fühlbares Naturphänomen. Am unteren Teil des Felsplateaus, auf dem die Burgreste stehen, ruht ein gespaltener Fels, an dem ich eine fast unheimliche Kälte aus der Tiefe des Steins wahrnehmen kann. Bis wohin mag dieser Spalt reichen? An einem sonnigen Tag, wenn sich der gesamte Burgfels aufgewärmt hat, ist diese Kälte aus der Tiefe besonders intensiv zu spüren.

In der Umgebung

Hundersingen ist ein typisches Straßendorf, das sich an der Lauter und der Verkehrsstraße entlang zieht. Besonders reizvoll sind die ausgedehnten Wacholderheiden, die sich über die Talhänge erstrecken und Lebensraum für eine Vielzahl seltener Pflanzen und Tiere bieten. Am Reichartsberg, im Südosten von Hundersingen kann man wunderschöne alte Weidbuchen auf der Wacholderheide entdecken und die besondere Kraft dieser Bäume genießen.

Wegbeschreibung:

Sie fahren von Reutlingen aus über die L230 nach Engstingen und weiter auf der B312 in Richtung Münsingen. Bei der Abzweigung nach Gomadingen biegen Sie ins Lautertal rechts ab. Nun geht es das Lautertal über Buttenhausen nach Hundersingen hinunter. Gleich beim Ortsschild, an der ersten Möglichkeit links, steil hochfahren. Oben angekommen biegen Sie wieder links auf den ausgeschilderten Wanderparkplatz ab.

Blick ins Tal auf Hundersingen

„Manche Wünsche haben wir in der Kindheit begraben, still unter einen Stein gelegt. Lange Zeit haben wir den Stein noch heimlich besucht, bis wir den Wunsch und den Stein endlich vergaßen. Eines Tages aber kommen wir zufällig an dieser Stelle im Garten vorbei und entdecken: Der Stein lebt, Moos und Gras wachsen darauf."
Theodor Fontane (1819 – 1898)

Der Beutenlay bei Münsingen –
Zwischenstopp in der Alltagshektik

„Schenke Dir jeden Tag ein wenig Zeit mit dir selbst!"
(unbekannt)

Seit ich im Stillhammerhaus lebe, fahre ich fast täglich am Münsinger Hausberg, dem Beutenlay, vorbei. Der Blick auf die Wacholderheide, die schönen Weidbuchen und vereinzelten Kalkfelsen verzauberte mich bereits aus der Ferne, und doch dauerte es fast ein Jahr, bis ich endlich anhielt und mich zu einer Erkundungstour auf den Beutenlay aufmachte. Das Gebiet umfasst rund 100 Hektar Fläche, und bei meinem ersten Besuch habe ich mir vorgenommen, mich einfach auf den Weg zu machen und die Landschaft auf mich wirken zu lassen. Es ist früher Nachmittag, der Spätherbst hat fast allen Bäumen sein rotbraunes Blätterkleid angezogen. Der Wind hat manche Bäume schon durchgerüttelt und ein dichter Teppich aus Laub liegt den Weidbuchen zu Füßen. An einem Wiesenhang stehen weit verstreut Wacholderbüsche. Es ist eine Landschaft, die durch den Menschen geschaffen wurde. Die ursprünglichen Buchen-Mischwälder wurden vor vielen Jahrhunderten bereits abgeholzt und der Waldboden in Weide- und Ackerland umgewandelt. Später dann, als die Stallhaltung der Tiere üblich wurde, dienten die Wiesen als Futterquelle. Sie wurden ein- bis zweimal im Jahr gemäht, um genügend Grünfutter zu bekommen.

Wanderschäfer zogen nun über den Beutenlay und schufen mit ihren Schafen die offene Heidelandschaft mit freistehenden Wacholderbüschen und den typischen Weid- oder Schattbäumen. Ihre weit ausladenden Kronen wurden im unteren Bereich immer wieder von den Weidetieren abgefressen, was bei manchen Bäumen zu einer regelrechten „Fresskante" führte. Unter dem Blätterdach fanden die Tiere und ihre Hirten wohltuenden Schatten.

Meinen Lieblingsplatz auf dem Beutenlay habe ich gefunden: Er ist am Stamm einer großen Weidbuche. Die Äste dieses Baumes reichen bis auf den Boden hinunter und bilden im Sommer ein schützendes Dach, unter dem ich mich wunderbar geborgen fühle. Am Fuß des breiten Stammes haben sich Sitzkuhlen gebildet, in die ich mich hineinsetze und den starken Halt des Baumes im Rücken spüren kann. Meine Weidbuche ist ein Platz zum Träumen, ein Ort um Geschichten zu erzählen und loszulassen. Es ist kein Ort der äußeren Stille, denn die dumpfen Geräusche der Bundesstraße und nahe gelegenen Stadt Münsingen sind, je nach Windrichtung, zu hören. Der Beutenlay ist ein intensiver Zwischenstopp in der Hektik des Alltags: nur eine halbe Stunde innehalten, sich entschleunigen und ausbremsen, die Kraft des Baumes spüren und den Geschichten des Windes lauschen.

Blick vom Beutenlay über Münsingen

Man muss sich seinen Platz auf dem Beutenlay suchen.

Solche Plätze braucht jeder Mensch. Ob es die Natur ist, ein gemüt-
licher Sessel in einer stillen Ecke der Wohnung, der Liegestuhl im Garten, der Platz an einem Teich oder das warme kuschlige Bett, muss
jeder für sich selbst herausfinden. Entscheidend ist, dass man sich
die eigene Auszeit ganz bewusst nimmt. Wer zu lange damit wartet,
wird irgendwann innerlich so erschöpft sein, dass er keine Lebenskraft
mehr spürt. Die Batterie ist leer, alle Warnlampen blinken, die Seele
schreit nach Ruhe. Wer diesen Zusammenbruch vermeiden möchte, der
darf auf die tägliche Zeit für sich nicht verzichten, egal wie hoch
die Arbeitsberge sind, und wie weit entfernt das Licht am Horizont
erscheint. Wenn es irgendwie geht, gönne ich mir jeden Tag 15 bis
30 Minuten Auszeit, in der mich weder meine Kinder, noch Kunden,
noch Gäste stören dürfen. Für eine kurze Zeit bin ich aus dieser Welt
draußen und bringe mich wieder in mein inneres Gleichgewicht. Den
Kopf ausknipsen, den Körper entspannen und zur Ruhe kommen. Um
mich herum kann in dieser Zeit die Welt zusammenbrechen, das Chaos
kommt nicht an mich heran, es kann diese halbe Stunde noch warten.

Die Weidbuchen als Orte der Kraft und inneren Stille sind ein Element
des Beutenlays. Eine ganz andere Ausstrahlung und Wirkung haben
die Wacholderbüsche. Einige Aspekte dieser uralten Heilpflanze habe
ich bereits in meinem Buch „Kraftorte und Kraftwege" beschrieben.
Alleine die vielen Namen und volkstümlichen Bezeichnungen für den

Der Wacholder hat viele Namen

Wacholder machen neugierig und sind Zeugnis seiner besonderen Bedeutung für den Menschen. „Feuerbaum", „Krammetsbaum", „Kranewitt", „Kranewitter", „Kranewitterbeere", „Machandelbaum", „Räucherstrauch", „Reckholder", „Wachtelbeerstrauch", „Weckholder" und „Weihrauchbaum" sind nur einige zum Teil heute noch gebräuchlichen Namen. Kaum eine Pflanze spielte als Räucherwerk eine so bedeutende Rolle wie der Wacholder. Der „Gemeine Wacholder" ist reich an ätherischen Ölen, Harzen, Flavonoiden (natürliche Pflanzenfarbstoffe) und Gerbstoffen, die sich besonders in den schwarzblauen Beerenzapfen und im Kernholz konzentrieren.

Pedanios Dioskurides, ein griechischer Arzt und der wohl berühmteste Pharmakologe des Altertums (erstes Jahrhundert nach Christus), sowie sein Zeitgenosse Plinius der Ältere empfahlen Wacholder, neben der medizinischen Verwendung, als Schutz vor Schlangen und wilden Tieren. Die Mumien der alten Ägypter wurden mit den Wacholderbeeren parfümiert, um sie so vor bösem Zauber zu schützen. Indianerstämme in Nordamerika trugen Wacholderzweige in Medizinbeuteln als Amulette und verwendeten Wacholder bei Reinigungsriten zum Räuchern und in den Schwitzhütten. Im Himalaya gelten Wacholderwälder als Wohnstätten der Götter und Wacholderweihrauch als göttliche Nahrung. Fast in allen Kulturen verwendete man Wacholder zum Schutz vor Hexen, Kobolden, bösen Geistern und der Pest. Noch heute ist es auf der Alb üblich vor dem Einzug in ein Haus, dieses vorher mit Wacholderrauch zu reinigen und die „Geister" der Vorbesitzer zu vertreiben.

Trotz dieser langen Tradition und der vielen Bräuche ging das Wissen um die Kräfte des Wacholders fast verloren. Außer im Sauerkraut, im Wacholderschnaps oder als Wildgewürz fand er kaum noch Verwendung, und das Holz des Busches wurde über viele Jahre, nach Landschaftspflegeaktionen, achtlos auf der Heide verbrannt. Doch seit einiger Zeit hat es sich ein findiger und wissender Alb-Förster zur Aufgabe gemacht, dass alte Wissen um den Wacholderbusch und seine Nutzung wieder bekannt zu machen. Zwischenzeitlich gibt es Wacholder-Aromaöl und Wacholderspäne als Badezusatz zu kaufen und oft sind die Menschen erstaunt, wie viel Gutes der Wacholder tun kann. Wenn man gestresst ist oder einem alles über den Kopf wächst, beruhigt und entkrampft sein Rauch auch die Seele oder entspannt ein Wacholderbad Geist und Körper. Oft wird berichtet, dass schon ein kurzer Schlaf unter dem Wacholderbusch müde Wanderer wieder quicklebendig machen soll.

In der Umgebung

Nicht weit von Münsingen, in Richtung Ehingen, liegt das Heutal. Kurz bevor die Straße nach Mehrstetten abzweigt, befinden wir uns im Unterheutal. Direkt an der Straße liegt der Wanderreitbetrieb von Julia Krüger. Sie ist fast immer „mit Pferden auf dem Weg", und wer die Landschaft der Schwäbischen Alb, die besonderen Schätze am Wegesrand und das leckerste Picknick der Alb kennenlernen möchte, der sollte sich mit ihr auf den Weg machen. Ein Wanderritt mit ihr und ihren Pferden ist Erholung und Entspannung pur.

Wegbeschreibung

Den Beutenlay in Münsingen erreicht man am einfachsten über die Bundesstraße B465 in Münsingen und weiter in Richtung Ehingen. Auf der rechten Seite sieht man kurz nach dem Ortsende von Münsingen das Schild „Hopfenburg". Dorthin abbiegen und an den Häusern vorbeifahren. Dahinter geht es nach rechts auf den Wanderparkplatz. Der Beutenlay umfasst eine Fläche von rund 100 Hektar und es lohnt sich, einfach loszugehen und sich eines der vielen wunderschönen Plätzchen zum Lieblingsplatz zu machen.

„Meine" Buche auf dem Beutenlay

Auf dem „Eisenrüttel" bei Rietheim –
entspannen und zur Ruhe kommen

„Das ist so die Art der Natur:
Sie übt sich an kleinen Dingen
und bietet im Geringsten
Beispiele für Gewaltigstes."
Seneca (1 – 65 n. Chr.)"

Vor 17 Millionen Jahren kam es zu einer gewaltigen Explosion am Kleinen Föhrenberg bei Rietheim: Der schwäbische Vulkan brach aus. Es muss ein unheimliches Grollen gewesen sein, als die Erde erzitterte, durch den enormen Gasdruck gewaltige Brocken aus unterirdischen Vulkanschloten in den Himmel geschleudert wurden und wieder in den entstanden Gesteinstrichter zurückfielen. Nur an ganz wenigen Schloten trat eisenhaltige Lava aus und wurde in der irrsinnigen Hitze zu hartem Gestein „verbacken". Gestein, das dem Eisenrüttel seinen Namen gegeben hat, und Steine, die auf diesem Berg die Kompassnadeln tanzen lassen. Das Magnetfeld der Erde wird durch das eisenhaltige Gestein am Eisenrüttel nachhaltig gestört. Menschen, die den Erdmagnetismus spüren können, werden dies bereits bei den ersten Schritten auf den Berg wahrnehmen. Künstliche Störungen des Magnetfeldes der Erde durch Elektrosmog gelten heute, auch bei vielen „Schulmedizinern", als zumindest bedenklich. Unbestritten sind die Auswirkungen von Sendemasten in der Nähe von Wohngebäuden. Der menschliche Organismus spielt verrückt, Schlafstörungen, Konzentrationsschwierigkeiten, Kopfschmerzen und vieles mehr können die Folge sein. Eine natürliche Störung des Erdmagnetfeldes kann im Fall von starken Verwerfungen der Erdschichten ebenfalls schädliche Wirkungen haben. Das ist auf dem Eisenrüttel aber nicht so. Dort empfinde ich die Störung des Erdmagnetfeldes als wohltuend. Das eisenhaltige Gestein aus der Tiefe des Erdinneren hat zwar eine irritierende Wirkung auf die Kompassnadel, bringt aber auch starke Kräfte mit an die Erdoberfläche, die ordnend und klärend wirken.

Die kleinen Dinge: Glockenblume auf der Herbstwiese am Eisenrüttel

Vielleicht empfinden manche Menschen diesen Platz anders, für mich ist die Nutzung immer ein sicheres Zeichen für die Qualität eines Ortes. Wird ein Ort seit langer Zeit in Büchern und Berichten als besonders schön beschrieben und wird der Platz vom Menschen seit jeher gepflegt und genutzt, so kann man davon ausgehen, dass hier die positiven Energien überwiegen. Bei meinen Buchrecherchen bin ich auf eine Geschichte gestoßen, in der berichtet wird, dass sämtliche Häuser, die auf einer mehr als 100 Kilometer langen, unterirdischen Wasserader gebaut wurden, die noch dazu an vielen Stellen zusätzlich gekreuzt war, jünger als 100 Jahre sind. Entlang der gesamten Wasserader wurde kein einziges altes Haus gefunden oder Hinweise auf ältere Häuser ermittelt. Ich kann mir gut vorstellen, dass unsere Vorfahren noch über altes, überliefertes Wissen verfügten, das sie daran hinderte, auf schädlichen Plätzen zu bauen. Auch natürliche Einflüsse können die Gesundheit belasten. Geologische Störungen durch unterirdische Wasseradern und Verwerfungen verursachen Erdstrahlen, die besonders an Schafplätzen zu Problemen führen können. Auf deren Kreuzungspunkten sind intensive Beeinträchtigungen des Schlafes und Wohlgefühls zu beobachten . In unserer modernen, wissenschaftlichen Welt ist uns dieses alte Wissen abhanden gekommen und damit auch viele Schutzmechanismen für unseren Körper und unsere Seele.

Mein Lieblingsplatz auf dem Eisenrüttel ist auf der Bank bei den fünf Tannen. Nadelbäume haben einen ernsten, stillen Charakter und können Unruhe in unserem Herzen beschwichtigen. Wälder mit vielen Nadelbäumen aber wirken manchmal unheimlich und ein Besuch dort empfiehlt sich nicht in jeder Stimmungslage. Auf dem Eisenrüttel ist das anders, weil sich zu den Bäumen ein wunderbarer Ausblick und eine wohltuende Weite gesellen. Die Verbindung von Schwere und Leichtigkeit schafft einen guten Raum für klare Gedanken und Entspannung. Solche Plätze suche ich aus zwei Gründen auf: Wenn ich wütend und aufgebracht bin, „stapfe" ich den Berg rauf und lasse meinen Ärger raus. Oben angekommen, ist das Konfuse, Aggressive meist einer gewissen Gelassenheit gewichen und ich kann konstruktive Lösungen finden, um die Angelegenheit zu einem guten Abschluss zu bringen. Der andere Grund ist die Suche nach tiefer Entspannung und Ruhe. Der Eisenrüttel hat nichts „Himmelhochjauchzendes", sondern etwas Bo-

denständiges, Schönes. Er hält mich mit seiner gepflegten Landschaft in meiner Mitte und schenkt mir immer wieder wunderbare Stunden der inneren und äußeren Stille.

In der Umgebung

Rietheim ist von zahlreichen Streuobstwiesen umgeben. Im Frühjahr, zur Blütezeit, ist es ein besonderes Erlebnis, an den Bäumen vorbeizuspazieren und den Duft des Blütenmeeres tief in sich aufzunehmen. Im Herbst, wenn das Obst reif ist und aufgelesen werden kann, herrscht in der Mosterei Rietheim Hochbetrieb und an manchen Tagen wird nach dem Mosten Vesper und natürlich Most serviert. Ein wunderbarer Genuss und ein urgemütliches Erlebnis.

Infos über die Mosterei in Rietheim und Bewirtung bei:
Egon Steudle, Tel. 0 73 81 / 87 16
Schwäbischer Albverein, Ortsgruppe Rietheim

Wegbeschreibung
Rietheim erreicht man über die B465, die von Bad Urach über Seeburg nach Münsingen führt. An der Abzweigung Rietheim folgt man der Beschilderung. Um zum Kleinen Föhrenberg, dem Eisenrüttel, zu gelangen, fährt man durch den Ort in Richtung Dottingen weiter, biegt am Ortsende rechts ab und fährt bis zum Wanderparkplatz am Kleinen Föhrenberg.

Rietheim, umgeben von Streuobstwiesen

Apfelblüte in der Streuobstwiese

Die Gartenspirale in Untermarchtal – ein Kraftort für Seelenverwandte

*„Geh deinen Weg ruhig inmitten von Lärm und Hast
und wisse, welchen Frieden die Stille schenken mag."
(irischer Segenswunsch)*

Das Kloster Untermarchtal ist ein lebendiges Kloster, in dem viele Menschen arbeiten und das täglich von vielen Menschen aus allen Himmelsrichtungen besucht wird. Wer einen stillen Platz im eigentlichen Sinn erwartet, der muss sich die Stille auf dem weitläufigen Gelände des Klosters suchen. Ein wunderschöner Einstieg in die St. Vinzenz-Kirche. Bei meinen ersten Besuchen fand ich dieses Gebäude, von außen betrachtet, etwas abweisend und kalt. Die Wärme, die tiefe Spiritualität und Ruhe dieser Kirche erschließt sich erst, wenn man sie betritt. Das schlichte Weiß der Wände, der runde Innenraum, zu dem alle Wege in die Mitte hinführen. Hier kann ich stundenlang sitzen, allein mit mir, mit Gott, im Gebet und in der Meditation.

Ein ganz anderer wundersamer Ort ist die Spirale im Park des Klosters. Spiralen sind schon immer das Symbol für den ewigen Kreislauf des Lebens. Ihre Schönheit, Harmonie und Kraft können wir in vielen „Bauwerken" und Gegenständen in der Natur wiederfinden. Betrachten Sie einmal ein Spinnennetz oder ein Schneckenhaus. Immer wieder wird

Ihnen diese perfekte Form begegnen. Der Weg der Spirale zeigt auch den Weg des Lebens, von der Geburt bis zum Tod, ein wiederkehrender Kreislauf, der immer wieder die gleichen Situationen hervorbringt und sich doch weiterbewegt und zur Mitte hinführt. In der Mitte der Spirale in Untermarchtal steht ein Brunnenstein, der stetig Wasser fließen lässt – Wasser, als Kraft des Lebens, als reinigendes, als fließendes Element. Für mich ist die Spirale im Klosterpark ein wunderbarer Kraftort und ein Weg der inneren Einkehr. Nach dem Besuch in der Kirche gehe ich durch den Garten hinauf und entlang der Spirale zum Wasserstein, um ihn mit meiner Hand zu berühren, um anzukommen.

Deutlich spürbar ist an diesem Platz auch die harmonisierende Wirkung einer Spirale. In ihr sind Yin und Yang, Stärke und Schwäche, Leben und Tod. Es sind die ausgeglichenen Gegensätze, die diesen Ort auch zu einem „Frauenort" machen. Damit möchte ich Männern nicht die Fähigkeit absprechen, einen solchen Platz und seine Kräfte zu erleben und zu erfahren, aber sie werden diesen Ort anders empfinden als die meisten Frauen. Ich erlebe immer wieder, dass manche Frauen eine Gefühlsebene wahrnehmen, die Männern nicht zugänglich ist. Vielleicht liegt es daran, dass wir Leben gebären können, vielleicht haben

Am Wasserstein in der Mitte der Spirale

In der Klosterkirche St. Vinzenz

wir eine andere Art zu denken und zu fühlen. Eine Antwort, die alles umfasst, habe ich bis heute nicht gefunden. Für mich ist es auch nicht wichtig, diesen Unterschied bis ins letzte Detail zu erkunden oder zu verstehen. Was ändert die Erkenntnis?

Ich lebe, liebe und verzweifle immer und immer wieder im Spannungsfeld zwischen Mann und Frau, zwischen Weiblichkeit und Männlichkeit, zwischen Abgrund und Himmel.

Orte für Frauen gibt es seit vielen Jahrtausenden. Oftmals wurden sie geheim gehalten oder hatten etwas Geheimnisvolles. Mit Hexerei und Zauberei hatten diese Plätze in der Regel allerdings nichts zu tun. Vielmehr waren es Rückzugsräume und Kraftorte, an denen Frauen sich austauschen und wahrnehmen konnten, an denen sie Unterstützung und Trost fanden, an denen sie einfach nur verstanden wurden. An diesen Orten lebten Seelenverwandschaften und wurden immer wieder erneuert. So geht es auch mir mit der Spirale in Untermarchtal. Dorthin gehe ich gerne mit anderen Frauen hin, um einen intensiven Tag der Ruhe und gemeinsamen Einkehr zu erleben.

Zum Abschluss eines solchen Tages besuche ich dann oft den Friedhof des Klosters. Mit wie viel Liebe und Ehrfurcht wurde diese Ruhestätte der Toten geschaffen, und welche Schönheit strahlen die schlichten Gräber aus, die in einem weiten Bogen angelegt sind! Es ist ein Ort des Abschieds, ein Ort der Hoffnung und des Gedenkens.

In der Umgebung
Von Untermarchtal aus sieht man, nicht weit entfernt, das ehemalige Kloster Obermarchtal. Heute ist in den Räumlichkeiten eine Bildungseinrichtung (www.studienkolleg-obermarchtal.de) untergebracht, doch die einstige barocke Pracht ist noch immer an den Fassaden und in der Klosterkirche sichtbar und spürbar.

Ebenfalls nicht weit entfernt liegt Schloss Mochental. Es gehörte nicht zum Kloster Obermarchtal, sondern zum ehemaligen Kloster Zwiefalten und diente den Äbten als Gästehaus und während dem Niedergang des Klosters als Altersruhesitz. Heute sind eine Kunstgalerie mit wechselnden Ausstellungen und ein Besenmuseum in den weitläufigen Räumen untergebracht (www.galerie-schrade.de).

Wer ein „Stück Kloster Untermarchtal" mit nach Hause nehmen möchte, der sollte unbedingt noch im Klosterladen vorbeischauen und die hervorragenden Produkte aus eigener Herstellung kennenlernen (www.untermarchtal.de).

Wegbeschreibung
Von Ehingen an der Donau aus erreicht man Untermarchtal am schnellsten über die B311 in Richtung Riedlingen. Nun über die K7414 am Schloss Mochental vorbeifahren und an der nächsten großen Kreuzung, circa einem Kilometer, links abbiegen (von hier aus sieht man schon Untermarchtal), an der nächsten Kreuzung gleich noch mal links und nun nur noch geradeaus, bis man Untermarchtal erreicht. In Untermarchtal der Beschilderung zum Kloster folgen.

„Im Herbst sammelte ich alle meine Sorgen und vergrub sie in meinem Garten. Als der Frühling wiederkehrte – im April – um die Erde zu heiraten, da wuchsen in meinem Garten schöne Blumen."
Khalil Gibran (1883 – 1931)

Die Marienkapelle in Mühlen –
ein Ort tiefer Gläubigkeit

„Glaube ist das Wissen im Herzen,
das keines Nachweises bedarf."
Khalil Gibran (1883 – 1931)

Hoch oben, am Rand des Mühlener Tals im Alb-Donau-Kreis, steht erhaben ein kleines Käppele, das im Volksmund auch „Mühlener Dom" genannt wird. Von außen betrachtet wirkt es schlicht, wie viele andere Käppele auf der Alb. Erst beim Eintreten in das Innere der kleinen Kapelle offenbart sie ihre Schönheit. Die prachtvolle Ausstattung scheint einst für eine größere Kirche gefertigt worden sein und wirkt dadurch in dem kleinen Raum umso prächtiger. Das Altarbild, die farbenprächtige Darstellung Marias, die Grablegung Christi im mittleren Feld der Altarverkleidung und die Madonna mit Kind sind wunderbare Kunstwerke aus vergangenen Jahrhunderten.

Vor der Kapelle steht eine Holzbank, von der man einen schönen Blick auf Mühlen, über alte Streuobstwiesen und ins Tal hinab hat. Dort angekommen breitet sich ein Gefühl voll Frieden und Geborgenheit in mir aus. Hier möchte ich sitzen und die Zeit vergessen. Dieser Ort tiefer Gläubigkeit, der bereits seit vielen Jahrhunderten von Menschen aufgesucht wird, hat unendliche Geschichten mit Freud und Leid, mit Leben und Sterben, Schuld und Vergebung erlebt. An solchen Glaubensstätten versuche ich mir manchmal die Sorgen und Freuden der früheren Besucher vorzustellen und immer suche auch ich in meinem Inneren, was mich bewegt, wo es drückt oder was mich vielleicht auch konkret an diesen Ort geführt hat. Erstaunlich ist für mich, dass die meisten Menschen sich in seelischen Notzeiten plötzlich an ihren Glauben erinnern oder auch einfach nur Zuflucht in einer Kirche, in einem Gespräch mit einem Seelsorger suchen. Nur selten denkt man in guten Zeiten daran, auch dafür zu danken, unabhängig von Glaubensrichtung oder Religion.

Für mich sind Kirchen, Kapellen und Mariengrotten nicht nur Glaubensstätten, sondern auch Orte der Stille, Einkehr und Freude. Vielleicht ist es das, was manche Menschen an diesen Plätzen suchen. Vielleicht ist es auch die tiefe Sehnsucht nach Halt und Geborgenheit. Glaube ist für mich nicht nur ernst und in sorgenschweren Zeiten gut, sondern Glaube ist auch Freude, Lachen und inneres Glück.

Blick vom „Käppele" ins Mühlener Tal

Die Marienkapelle in Mühlen ist ein wundersamer Ort der inneren Freude. Der Anblick der wunderbaren Landschaft, der kleine malerische Ort, in dem an manchen Ecken die Zeit stillzustehen scheint, die Bank vor dem Kirchlein lassen mein Herz hüpfen. Deutlich fühle ich aber auch, dass dies ein Platz des Trostes und der Fürbitte ist. In der Stille kann man ganz bei sich sein. Hier lebt die Hoffnung und die Kraft der Liebe. Marienstätten sind immer auch Frauenorte. Sie strahlen eine ganz erdverbundene Kraft aus, die in Mühlen durch die nahe liegenden Quellen besonders deutlich sichtbar und spürbar wird. Das Wasser strömt in einer steinernen Rinne zwischen zwei Mühlener Häusern ins Tal hinunter, wo es in einem kleinen Becken aufgefangen wird, bevor es in einem Bächlein weiter an der Straße entlang talabwärts fließt.

Das besondere Zusammentreffen der Urkräfte des Wasser und der Marienstätte geben diesem Ort seine besondere Ausstrahlung. Wer auf der Suche nach neuen, inneren Kräften ist, wer eine tiefe Erschöpfung spürt und im Herzen müde ist, der findet hier Zuflucht und einen guten Platz.

Quellwasser zwischen zwei Häusern in Mühlen

Der Innenraum der Marienkapelle

In der Umgebung

Rund um Mühlen und Kirchen führen wunderschöne Wanderwege durch Wälder und über offene Flächen. Überall kann man wundersame Quellen, Brunnen und kleine Tümpel entdecken. Es lohnt, sich eine topografische Karte zu besorgen und selbst auf Entdeckungsreise zu gehen. Der Besuch der Marienkapelle kann auch mit einem Besuch des Felsställe (siehe Seite 132) kombiniert werden.

Wegbeschreibung

Von Münsingen aus fährt man über die B465 Richtung Ehingen an der Donau bis nach Altsteußlingen. Dort die erste Möglichkeit nach rechts abbiegen und der Beschilderung in Richtung Kirchen/Mühlen folgen. Oben im Wald an der Gabelung biegen Sie links auf den Schotterweg ab und fahren bis nach Mühlen hinunter. Die Marienkapelle liegt auf der linken Seite am Talhang. Am besten parkt man in Mühlen und läuft über den Hungerbrunnen-Weg hinauf zur Kapelle.

Die alte Molkerei von 1912 in Mühlen

„Die Seele ist wie der Wind, der über die Kräuter weht, wie der Tau, der über die Wiesen sich legt, wie die Regenluft, die wachsen macht. Desgleichen ströme der Mensch ein Wohlwollen aus auf alle, die da Sehnsucht tragen. Ein Wind sei er, der den Elenden hilft, ein Tau, der die Verlassenen tröstet. Er sei wie die Regenluft, die die Ermatteten aufrichtet und sie mit Liebe erfüllt wie Hungernde."
Hildegard von Bingen (1098 – 1179)

Das Landgericht Mundingen –
Entscheidungen unter Linden

„Den Weg, den du vor dir hast,
kennt keiner.
Nie ist ihn einer gegangen,
wie du ihn gehen wirst.
Es ist dein Weg."
(unbekannt)

Kann ein Ort, an dem einst über Menschen gerichtet wurde, ein Ort der
Stille und Kraft sein? Wurden hier Todesurteile gefällt und vollstreckt?
Welche Ungerechtigkeiten und Justizirrtümer wurden hier begangen?
Solche Gedanken beschäftigten mich, als ich mich auf den Weg machte
zum Landgericht bei Mundingen im Alb-Donau-Kreis. Bei meinen Buchrecherchen bekomme ich immer wieder Tipps von Freunden, die mir
ihre persönlichen Lieblingsplätze und Orte der Stille verraten. Meist
werde ich dann neugierig, wie es mir wohl mit diesen ‚empfohlenen'
Plätzen gehen mag. Aber leider reicht meine Zeit nie aus, um all den
wertvollen Hinweisen nachzugehen.

Es ist ein traumhaft schöner Herbstnachmittag, an dem ich zum ersten Mal den ehemaligen Gerichtsplatz erreiche. Auf den ersten Blick fällt mir die alte Buche auf, die neben zwei großen, schön gewachsenen Lindenbäumen steht. Der Stamm der Buche ist regelrecht verknöchert. Teils mit Flechten und Moosen überzogen, zeugt er vom hohen Alter dieses Baumes. Ein Teil der einstmals mächtigen Baumkrone ist vermutlich abgebrochen. Zumindest hat der Stamm am unteren Teil eine gewaltige vernarbte Wunde, die darauf schließen lässt. Die Buche ist kein typischer Gerichtsbaum. In Süddeutschland wurde meist unter Linden oder Birnbäumen Gericht gehalten oder zu wichtigen Dorfversammlungen eingeladen. Lange Zeit wurde die Linde als heilig verehrt, und man glaubte, unter diesem Baum könne man nur die Wahrheit sprechen. Der süßliche Duft der Lindenblüten sollte Kläger und Richter milde stimmen, und so erhoffte sich mancher Angeklagte ein „gelindes" Urteil unter diesem Baum. Bereits im antiken Griechenland galt die Linde als Baum der Aphrodite, der Liebesgöttin. Die Germanen verehrten sie als heiligen Baum der Liebes- und Glücksgöttin Freya. An vielen dieser Bäume gab es deshalb Opferplätze mit Abbildungen und Statuen der Götting Freya.

Der Gedenkstein am ehemaligen Landgerichtsplatz

Im Laufe der Christianisierung wurden die germanischen Opferplätze und heiligen Bäume zu Maria-Linden und die alten Statuen und Bildnisse wurden durch Bilder von Maria, der Mutter Gottes, ersetzt. So blieben viele dieser uralten Bäume – im Gegensatz zu den heiligen Eichen – erhalten und überlebten teilweise bis in unsere Zeit. Ein altes Sprichwort sagt, die Linde komme 300 Jahre, lebe 300 Jahre und gehe 300 Jahre.

Den Beinamen „Baum der Liebe" hat die Linde vielleicht auch wegen ihrer schönen herzförmigen Blätter und ihres betörenden Duftes bekommen. In früheren Zeiten war die Linde der Treffpunkt für die Dorfgemeinschaft, für die jungen Leute und Liebespaare. Bereits Walter von der Vogelweide besang ein romantisches Schäferstündchen mit seiner Liebsten unter der Linde:

> *„Unter der linden*
> *an der heide*
> *da unser zweier bette was,*
> *da muget ir vinden*
> *schone beide*
> *gebrochen bluomen unde gras.*
> *Vor dem walde in einem tal,*
> *tandaradei!*
> *schone sanc diu nachtegall."*
> *Walther von der Vogelweide (1170 – 1230)*

Im Frühjahr ist es ein besonderes Erlebnis, unter einem Lindenbaum zu sitzen. Der Duft der Lindenblüten lockt die Bienen an, die nach einem langen Winter endlich den Kraft spendenden Nektar einsammeln.

„Unter den Linden pflegen wir zu singen, trinken und tanzen und fröhlich zu sein", schrieb Martin Luther, „denn die Linde ist uns ein Friede- und Freudebaum." Wie Martin Luther es ausdrückt, so geht es mir am Landgericht bei Mundingen. Der Ort hat sich gewandelt und nur noch ein gewaltiger Gedenkstein erinnert an die einstige Bedeutung und Nutzung. Auf der Bank unter den Linden sitzt man sehr behütet und geschützt. Diese Schutzwirkung wird der Linde auch bei Hexenzauber und bösen Geistern zugesprochen und so wurde dieser Baum oft in der

Lindenblüten im Sommer

Nähe von Wohnhäusern gepflanzt. Der weite Blick über die Felder wird nur von Wäldern begrenzt. Für mich ist es ein Ort der Stille, an dem ich meine Gedanken fließen lassen kann, ohne mich dabei zu verlieren. Hier kann ich auch Sorgen und Nöte abladen. Sicherlich ist hier seit vielen Jahrhunderten ein Platz der Entscheidungen. Ob sich hier bereits ein germanischer Thingplatz befand, an dem Volksversammlungen und Gerichtsverhandlungen abgehalten wurden und kultische Handlungen stattfanden, ist nicht überliefert, aber vermutlich wurden hier, lange vor der Nutzung als Landgericht der Grafen, Urteile gesprochen und Entscheidungen gefällt. Die Klarheit und Ernsthaftigkeit des Ortes ist noch heute zu spüren. An einem solchen Platz gibt es kein „jein" und auch kein „vielleicht". Beherzte Entscheidungen beinhalten immer eine gewisse Zwanghaftigkeit des Scheiterns. Viel negativer und belastender sind jedoch die nicht gefällten Entscheidungen, das Leben auf Probe und ‚lauwarme' Beziehungen. Lieber wähle ich einen falschen Weg und kehre vielleicht auch wieder um, als stehen zu bleiben und zu versteinern.

Das Landgericht ist ein Ort, an dem ich in zögerlichen, chaotischen Lebensphasen wieder Klarheit über meinen weiteren Weg finden kann und neue Kraft finde, um längst fällige Entscheidungen zu treffen.

Als ich vom Landgericht wieder zurück ins Stillhammerhaus fahre, wird mir erstmals richtig bewusst, dass in meinem Garten ebenfalls zwei wunderschöne Lindenbäume stehen. Im ersten Sommer habe ich unter einen dieser Bäume einen uralten Tisch gestellt und zwei Bänke dazu, ohne jemals dort zu sitzen. Im nächsten Frühjahr werde ich dort die Bienen begrüßen und hoffentlich manchen Abend bei einem fruchtigen Rotwein unter meinen Linden verbringen.

In der Umgebung

Am Rande von Mundingen steht ein altes Sägewerk, das mit viel Liebe zum Detail restauriert wurde. Neben der intakten Sägeeinrichtung beherbergt das Gebäude einige antike landwirtschaftliche und handwerkliche Maschinen und Geräte sowie drei Oldtimer-Traktoren. Auf speziellen Wunsch wird auch ein Schausägen veranstaltet. Öffnungszeiten April bis Oktober: an Sonn- und Feiertagen von 10 bis 17 Uhr und nach Vereinbarung, Führungen ebenfalls nach Vereinbarung (Tel. 0 73 91/ 20 6 bei Karl Schöttle)

Wegbeschreibung

Von Münsingen aus erreicht man Mundingen über die B465 in Richtung Ehingen. Von der Bundesstraße biegt man ab nach Granheim und fährt dort über die L231 auf der Hauptstraße durch Mundingen hindurch und den Berg hinauf. Sobald man oben aus dem Wald hinausfährt, sieht man auf der linken Seite das Landgericht. An dieser Stelle kann man nach links abbiegen und parken.

Alte Buche am Landgericht

Die Mariengrotte in Erbstetten – ein „Frauenort"

„Yin und Yang, männlich und weiblich, hart und weich,
Himmel und Erde, Licht und Dunkel, Donner und Blitz,
kalt und warm, gut und schlecht . . .
das ist die Wechselwirkung der gegensätzlichen Prinzipien,
die das Universum formen."
Konfuzius (551 – 479 v. Chr.)

Gibt es Frauenorte? Diese Frage beschäftigt mich, als ich die Marien-grotte in Erbstetten suche. Das Dorf liegt am Rand der Albhochfläche, oberhalb des Lautertals und es gibt nicht viele Straßen, die dorthin führen. Bei den ersten Häusern erblicke ich eine ältere Frau, die ich nach dem Weg frage. Erstaunt mustert sie mich: „Was wellet sie do?", ist ihre Gegenfrage und in einem weiteren Satz verrät sie mir, dass sie fast jeden Sonntag zur Mariengrotte gehe. „Dort isch so schee ond still, dort kann i nachdenka", sind ihre Worte, die ich mit auf meinen Weg nehme.

Dieser führt am Waldrand etwas außerhalb des Ortes über ein paar Stufen hinunter zur Grotte, dicht umstanden und behütet von Bäumen und Büschen. Unter dem schützenden Dach gibt es vor der Mariengrot-te Bänke zum Beten und zur inneren Andacht. Dieser Ort empfängt mich mit Liebe und Geborgenheit. Offensichtlich ist die Sorge um das Wohlergehen der Mutter Maria: „Fleißige Lieschen" blühen am Weg-rand, der Blumenschmuck in der Grotte, die Opferkerzen – hier leben vor allem Frauen ihren Glauben, hierhin ziehen sie sich zurück, um ihre Sorgen abzuladen.

An diesem wundersamen Ort bekam ich eine Antwort auf meine Frage, ob es „Frauenorte" gibt. Sie lautet: Ja. Es sind geschützte und behü-tete Plätze, an denen die tiefe weibliche Spiritualität zu spüren ist. Früher galten sie als Treffpunkt von Hexen und Feen. Unglaubliche Geschichten von Tod, Ritualen und Exzessen rankten sich um die Tref-fen an diesen Orten. Man(n) versuchte das Wissen um die geheimen Frauenorte unter anderem durch die Hexenverfolgung mit aller Macht auszurotten. Und dennoch wurden immer wieder neue Kraftorte der Frauen bekannt. Das Besondere ist, dass es sich bei Frauenorten fast immer um stille, zurückgezogene Plätze handelt.

Frauenorte sind deshalb so wichtig, weil Orte an denen wir unsere innere Stärke und Verletzlichkeit, das Bauchgefühl, die Liebe, die Wut und die Hoffnung spüren können, unendlich wichtig sind. Im Alltag müssen wir funktionieren: die Kinder fordern Verständnis, der Mann einen freien Rücken bei seinem täglichen Kampf um die Existenz, die Familie braucht etwas zu essen, der Elternabend sollte besucht werden, die Wäsche türmt sich zu Bergen, und abends, nach einem 16-Stunden- Powertag, soll frau dann plötzlich umschalten, weiblich,

zärtlich und anschmiegsam sein. An Frauenorten können wir unsere Kräfte wieder bündeln und Abstand zum Alltag gewinnen. Hier können sich Frauen austauschen und gemeinsam Stille erleben. Manche Klöster sind starke Frauenorte, die ihre Kraft in alle Welt schicken. Wie anders ist es möglich, dass Klara von Assisi, die Gründerin des Ordens der Klarissen, die Welt so nachhaltig beeinflusste, obwohl sie vor den Toren Assisis, in der Frauengemeinschaft San Damiano, in strenger Klausur lebte und diesen Ort bis zu ihrem Tode nie verließ? Welche Spiritualität und welchen Glauben muss diese Frau besessen und mit anderen geteilt haben?

Vielleicht liegt im gemeinsamen Teilen von Freude und Trauer, von Schmerz und Glück, von Liebe und Vergebung eine der Stärken von uns Frauen. Dieses Teilen geschieht aus dem Bauch heraus, ohne Hintergedanken, ohne Verpflichtung. Es geschieht in einer Umarmung, in einem Lächeln, in einer Träne. Frauen leben ihre Stärke nicht alleine über den Verstand und den Kopf, sondern auch über ihre Intuition und ihre Gefühle. Es ist die stille Leidenschaft, die tiefe Spiritualität im eigene Glauben, die uns Kraft verleiht.

Frauenorte sind auch „heilende Punkte" für die Erde. Das mag etwas esoterisch klingen, enthält aber eine tiefe, bodenständige Wahrheit. An Orten, die von Frauen gestaltet, gepflegt und geliebt werden, ist eine Schönheit erkennbar und fühlbar, die das Herz öffnet. Die Bauerngärten der Schwäbischen Alb sind für mich ein besonderes Sinnbild dieser weiblichen Kraft und Stärke. In ihnen wird die Wirkung der einzelnen Pflanzenseelen deutlich: Jede Blume, jedes Gemüse, jedes heilende Kraut hat seinen Platz und fügt sich zu einem harmonischen Ganzen. Der Kreislauf des Lebens spiegelt sich in den Zeiten des Gartens und schenkt zu jeder Jahreszeit Kraft.

Für mich sehr spannend ist die Erfahrung, dass ohne mein Zutun immer wieder starke Frauen auf Besuch ins Stillhammerhaus kommen – von außen eine „bunte" Ansammlung ganz unterschiedlicher Menschen. Im Inneren lebt in diesen Frauen, egal aus welchen Zusammenhängen und Beziehungen sie kommen, eine besondere Schönheit und Kraft, die gegenseitig gut tun kann.

Die Mutter Gottes in der Mariengrotte

In der Umgebung

Von Erbstetten führt ein schöner Weg am Waldrand entlang zur Ruine Wartstein. Sie war vermutlich eine der kühnsten Felsenburgen ihrer Zeit, da sie sich fast über den gesamten Hang bis hinunter ins Tal erstreckte. Übrig geblieben ist ein Teil der Schildmauer und des Burgfrieds, dessen Aussichtsplattform über eine Wendeltreppe erreichbar ist. Von der Wartsteinburg führt an der Talkante entlang ein Weg zu den Ruinen Monsberg und St. Ruprecht. Von dort gelangt man oberhalb des Marientals wieder zurück nach Erbstetten an den Ausgangspunkt (circa 6 Kilometer zu wandern). Nach der Abgeschiedenheit an der Mariengrotte erlebt man auf dieser Tour atemberaubende Ausblicke und die Freiheit der Talfelsen. Bei Erbstetten ist die Alb durch die Lautertalstörung fast 100 Meter abgesunken. Noch heute ist die gewaltige, senkrechte Abruchkante deutlich sichtbar, die durch Bewegungen der Erdkruste entstanden ist.

Wegbeschreibung

Sie fahren in Erbstetten am Rathaus vorbei zur Schule. An der Busschleife parken, dann Richtung Waldrand gehen. Dort angekommen, links runter und am Holzgeländer über die Treppen zur Mariengrotte hinabsteigen.

Bild auf der rechten Seite: Der Bauerngarten auf dem Steighof von Familie Freytag wird mit großer Sorgfalt und Hingabe jedes Jahr neu angepflanzt und gepflegt. Er liefert sowohl Gemüse wie auch Heilkräuter für den täglichen Bedarf der Familie, die ihren Bauernhof nach Demeter-Richtlinien betreibt. Wer seine Seele baumeln lassen möchte und einen ruhigen Platz in einer weiten Landschaft sucht, der sollte für ein paar Tage Urlaub bei den Freytags machen und darf dann vielleicht auch ein paar Stunden den wunderbaren Garten genießen (mehr Informationen: www.albhoftour.de)

Der Rosenelf

„Inmitten eines Gartens wuchs ein Rosenstrauch, der war ganz voller
Rosen, und in einer davon, der schönsten von allen, wohnte ein Elf;
er war so winzig klein, daß kein menschliches Auge ihn sehen konnte,
hinter jedem Blatt in der Rose hatte er eine Schlafkammer. Er war so
wohlgestalt und hübsch, wie ein Kind nur sein konnte, und hatte Flügel
an den Schultern, hinab bis zu den Füßen. Oh, es war ein Duft in seinen
Zimmern, und wie hell und schön waren die Wände! Sie waren ja die
feinen hellrosa Rosenblätter."
Hans Christian Andersen (1805 – 1875)

Das Felsställe bei Mühlen –
auf den Spuren der Steinzeitjäger

*„Es ist die Stunde des Schamanen,
der auf dem Pfad des Bären seine Seele in das Jenseits schickt,
um die Schatten der Vergangenheit zu besiegen."
(unbekannt)*

Selten hat mich ein Ort so in seinen Bann gezogen wie das Felsställe bei Mühlen im Alb-Donau-Kreis. Als ich das erste Mal von diesem Felsendach hörte und las, dauerte es noch eine ganze Zeitlang, bis ich mich dorthin aufmachte. Mit Kamera und Wegskizze wanderte ich an einem schönen Herbsttag nach Mühlen und von dort weiter zum Felsställe. Vollkommen unvorbereitet und eigentlich mit meinen Gedanken und Gefühlen noch ganz woanders, stehe ich an diesem seltsamen Tag plötzlich vor dem Felsen und spüre eine tiefe, uralte Kraft, die in mir hochsteigt und mich vollkommen durcheinander bringt. Mir wird fast unheimlich an diesem Ort und ich sehe mich unwillkürlich um, ob irgendjemand in meiner Nähe ist. Ganz vorsichtig lehne ich mich mit dem Rücken an die Wand des Felsställe, als plötzlich das Klingeln meines Handys die Stille zerreißt. Ich erschrecke mich fast zu Tode und zittere am ganzen Leib. In der Hektik habe ich das Telefon nicht im Auto gelassen, sondern es gedankenverloren in meine Fototasche gesteckt.

Welche Kraft wohnt an diesem Ort? Was passiert hier mit mir? Bisher bin ich an den meisten Orten, die ich in den vergangenen Jahren besucht und erlebt habe, überwiegend positiven Kräften begegnet, die mir gut taten. Und jetzt stehe ich an einer Felswand und zittere, weil mein Telefon geklingelt hat. Vor was hatte ich in diesem Moment Angst?

Um mich herum herrscht eine unheimliche, wundersame Stille, nur Wind, das Rascheln der Blätter, ein knackender Ast, der ferne Ruf eines Raben. Ich versuche, ruhig zu atmen und mit beiden Beinen einen guten Stand zu bekommen. Nochmals lehne ich mich ganz behutsam mit meinem Rücken an die Felswand, bis sie mich trägt. Ich möchte diesen Ort spüren, diese alte Kraft annehmen, mich nicht mehr sträuben und dagegen stellen, sondern wahrnehmen, was mir dieser Platz geben kann. Ganz langsam weicht die innere Anspannung und die fast lauernde Körperspannung einer zögerlichen Neugier und ich beginne zu fühlen, was mir dieser uralte Ort der Stille und Kraft zu geben vermag.

Vor abertausend Jahren war das Felsställe Teil eines gewaltigen Höhlensystems. Hier wohnte eine Sippe von Steinzeitjägern. Sie lebten in einem Zeitalter, das wir heute Magdalénien nennen, am Ende der Eiszeit und der Altsteinzeit. Die großen Säugetiere wie Höhlenbär, wollhaariges Nashorn und Mammut waren sehr selten geworden oder

Die Reste einer ehemaligen Höhlenwand

bereits ausgestorben. Die Landschaft begann, sich dramatisch zu verändern. Erste lichte Wälder mit Birken, Nadelbäumen und Haselnusssträuchern wuchsen und die Menschen folgten der europäischen Tundra nach Norden. In diesem Lebensraum konnten sie die großen Herden der Rentiere, Wisente, Auerochsen und Wildpferde jagen.

Es war aber auch eine Zeit, von der man vermutet, dass die ersten Schamanen ihre Rituale vollzogen. Verzierungen von Gegenständen, Felswänden und Steinen zeigen Darstellungen der Jagdbeute, erotische Figuren und Fruchtbarkeitssymbole. Die ersten Musikinstrumente entstehen und der Mensch richtet sein Interesse nicht mehr alleine auf den täglichen Überlebenskampf, sondern erweitert seinen Geist um die Vorstellung des Jenseits. In dieser Zeit könnte ein Schamane dem Felsställe seine Kraft gegeben haben, geschützt durch das Felsendach der Höhle, die Erde, die den Felsen bedeckte, und die Seele der Bäume, die in der Erde wuchsen.

Wasser, Eis und Wind zerstörten im Lauf von tausenden von Jahren die Höhlendächer. Immer weiter wurden sie abgetragen und stürzten schließlich ein. Der Rest dieses Höhlensystems ist das Felsställe. Was blieb, sind die Kräfte des Höhlenortes, die ich noch heute von allen Seiten spüre und die mir immer wieder das Gefühl geben, dass an diesem Ort außer mir noch jemand anderes sei.

Das Felsställe bei Mühlen kann man mit Sicherheit auf rein wissenschaftlich-archäologischer Ebene vollkommen unbefangen und ungestört besuchen. In der Umgebung wurden faszinierende Funde der frühesten Siedler gemacht. Wer aber einen Ort der Stille sucht, sollte sich auf diesen Besuch vorbereiten und nur mit festem Schritt und gutem Stand hierher kommen. Die alte und tiefe Kraft des Ortes kann mich sehr gut in meine Mitte zurückbringen und mir wieder einen starken Bezug zur Mutter Erde geben. Sie kann mich aber auch ängstigen und lähmen. Dieser Ort ist ein Spiegel der eigenen Seele und Urängste. Nur wer diesen Zustand erträgt, wird die positiven Kräfte fühlen können.

In der Umgebung

Nicht weit vom Felsställe entfernt liegt das Fuchstörle. Der Weg dorthin führt von Mühlen aus durch das Mühlener Tal zu einer markanten Biegung unweit des Waldparkplatzes. Dort überquert man die Straße und steigt den Waldpfad im Littishardt zum Fuchstörle hinauf. Es handelt sich bei dieser Naturbrücke ebenfalls um den Rest eines gewaltigen Höhlensystems. Ein wundersamer Ort, der bereits von den Jägern der Steinzeit aufgesucht und besiedelt wurde.

Wegbeschreibung

Das Felsställe liegt in der Nähe des kleinen Ortes Mühlen bei Ehingen im Alb-Donau-Kreis (wie man nach Mühlen kommt, lesen Sie im Kapitel „Die Marienkapelle in Mühlen", S. 110). Vom Waldparkplatz unterhalb des Dorfes folgt man dem sehr gut ausgeschilderten Weg am Waldrand entlang. Man kommt dann im Waldstück „Ottenhau" direkt an das Felsendach.

Im Mundinger Tiefental –
reich beschenkt mit neuer Lebenskraft

„Lass deinen Geist still werden wie einen Teich im Wald.
Er soll klar werden, wie Wasser, das von den Bergen fließt.
Lass trübes Wasser zur Ruhe kommen, dann wird es klar werden,
und lass deine schweifenden Gedanken und Wünsche
zur Ruhe kommen."
Buddha (560 – 480 v. Chr.)

Rund um den Eingang zum Tiefental bei Mundingen im Alb-Donau-
Kreis treten mehrere Quellen aus dem Hang im Waldstück „Ehinger
Hau" aus. Eine Reihe von keltischen Grabstellen in der näheren Umgebung weisen auf eine frühe Besiedlung dieses wasserreichen Gebietes
hin. Vom Wald führt ein Wasserlauf zu einem Brunnen, der versteckt
hinter Büschen am Rande des Tiefentales liegt. Quellen und Brunnen
sind für mich Orte der Inspiration, der Heilung, der Einsicht und des
Lebens. Diese Plätze suche ich zur inneren Erneuerung und zur Heilung
von Verletzungen der Seele auf. Der Brunnen am Rande des Tiefentals
wurde sehr liebevoll und aufwändig mit Natursteinen und zwei Becken
gestaltet. Im klaren Wasser spiegeln sich die umstehenden Bäume und

Büsche. Es ist still um mich herum, nur das leise Plätschern des Brunnenwassers und das Rascheln der Blätter nehme ich wahr. Ich setze mich auf den Rand des Brunnens und kühle meine Hände im klaren Wasser. Jetzt bin ich angekommen, spüre die Kraft des Wassers, das Leben im Wasser, die Sanftheit und Stärke, die in ihm wohnen. Vom Brunnen folge ich dem kleinen Bächlein, das entlang des Weges leicht bergab fließt. Ich erreiche einen kleinen Tümpel inmitten des Herbstwalds. Er wurde von Menschenhand aufgestaut und ist im Lauf der Zeit zu einer Oase der Stille geworden. Im Frühjahr, wenn alles blüht und die ersten Sonnenstrahlen auch die letzten Winterschläfer wecken, wird mit allen Sinnen spürbar, wie wertvoll dieser Lebensraum für eine Vielzahl von Tieren und Pflanzen geworden ist. Bei meinem Besuch im Herbst hat dieser Ort etwas Zauberhaftes, Verwunschenes. Ein großer moosbewachsener Stein, der fast bis ins Wasser ragt, zieht mich magisch in seinen Bann und ich stelle mir vor, wie ich hier im Sommer auf diesem Stein am Wasser sitze und zur Ruhe komme.

Aber auch im Herbst, am Übergang zum Winter hat dieser Ort eine besondere Ausstrahlung. Es ist ein zeitloser Platz an dem nichts mehr drängt und sorgt, jetzt ist etwas Zeit für mich. In der fast glatten

Die Kraft des Wassers

Wasseroberfläche spiegeln sich meine Gedanken, werden greifbar, bekommen Konturen. Neue Ideen und Perspektiven wachsen in mir. Das Vergangene fließt mit dem Wasser weiter ins Meer, das Neue kommt und durchströmt mich. Alles ist im Fluss, mein Leben bewegt sich. Immer wieder erlebe ich, wie Menschen im Stillstand verharren. Sie warten darauf, dass irgendetwas passiert und verbringen so oft ihr Leben in einer Warteschleife. In vielen Beziehungen ist dieser Stillstand eines Partners oder gar beider Partner der Grund für ihr Scheitern. Stillstand bedeutet auch Langeweile, Gleichgültigkeit, Gewohnheit. Irgendwann braucht Mann oder Frau dann einen neuen „Kick", endlich wieder das Kribbeln im Bauch. Das Frustrierende an solchen Trennungsgeschichten und Abenteuern ist, dass sie viel Leid, Verletzungen und Schmerzen bringen, aber meist nichts verändern, denn der Stillstand findet in uns selbst statt und kann nicht von außen bewegt werden. Es ist, als ob ein Auto kein Benzin mehr hätte und fortan geschoben würde. Eine rasante Fahrt über Berge, durch Täler und endlose Weiten ist etwas anderes.

Es liegt an uns selbst, an unseren eigenen Möglichkeiten, Neues im Leben zuzulassen und neugierig zu sein. Für mich sind Quellenorte der Anfang für neue Wege im Leben. Ich finde es wichtig, spontan zu

Einer meiner Lieblingsplätze im Tiefental

bleiben, quer zu denken und immer wieder Schmetterlinge im Bauch zu fühlen. Dazu brauche ich keine neue, sondern eine lebendige Beziehung, an der ich gemeinsam mit dem Partner immer wieder arbeite und innehalte, um zu sehen, was wir bis heute „geschafft" haben und wohin uns der gemeinsame Weg morgen führen wird. Absolute Glücksmomente sind die kleinen Augenblicke ohne gestern und morgen, die ich immer wieder in diesem Buch beschreibe, weil sie ein unendlicher Quell der Kraft und Stille sind.

Im Tiefental kann man dem Weg des Wassers folgen und findet immer wieder Ruhepunkte, die geschützt inmitten des Waldes liegen. Wer diesen Weg bewusst geht, wird reich beschenkt mit neuer Lebenskraft diesen Ort verlassen.

In der Umgebung

Vom Tiefental führt ein Weg in das weithin bekannte, wildromantische Wolfstal. Während der Märzenbecherblüte pilgern Menschenmassen dorthin, um sich an den weißen Frühlingsboten auf dem Waldboden zu erfreuen. Außerhalb der „Hochsaison" sollte man sich jedoch eine Wanderung im Wolfstal nicht entgehen lassen. An seinem Ende, wo es in das Tal der Großen Lauter mündet, gibt es eine alte Kalktuffsäge, mit der bergfeuchter Kalktuff, einst das Baumaterial vieler Häuser, auf handliche Bausteingröße gesägt wurde.

Noch ein Stück weiter talaufwärts erreicht man die Laufenmühle. Vor einigen Jahrhunderten lebte hier der rebellische Müller Ignaz Reiser, einer der Anführer des großen Bauernaufstandes. Heute ist die Laufenmühle ein beliebtes Ausflugslokal mit gemütlichem Biergarten.

Wegbeschreibung

Von Münsingen fährt man auf der B465 in Richtung Ehingen bis zur Abzweigung nach Granheim. Hier rechts abbiegen, nach Granheim hineinfahren und der Beschilderung nach links, nach Mundingen, folgen. In Mundingen auf der Hauptstraße den Berg hinauffahren und gleich die erste Möglichkeit, in der Linkskurve, nach rechts abbiegen. Nun geht es aus dem Ort hinaus, biegen Sie bei der nächsten Kreuzung links ab. Nach circa 300 Metern noch mal rechts fahren und von hier aus geht es schon ins Tal hinunter. Nun auf diesem Weg bleiben, bis man rechts den Brunnen sieht.

„Laufe nicht
der Vergangenheit nach.
Verliere Dich nicht
in der Zukunft.
Die Vergangenheit
ist nicht mehr.
Die Zukunft
noch nicht gekommen.
Das Leben ist Hier und Jetzt."
Lao-tse (6. Jahrhundert v. Chr.)

Das Fuchstörle bei Mühlen –
es ist geschafft!

„Der Weg zum Glücklichsein
führt über die Brücke der Zufriedenheit."
(unbekannt)

Am Ende meiner Suche nach den wundersamen Orten der Stille entdeckte ich die Natursteinbrücke „Fuchstörle" – mitten im Wald Littes-
hardt bei Mühlen im Alb-Donau-Kreis. Dort weist ein kleines Schild
den Weg zu einem wunderschönen Naturphänomen, dem Rest eines
einst gewaltigen Höhlensystems. Diese Brücke scheint mir ein geeig-
neter Schlusspunkt für dieses Buch: Sie symbolisiert die Verbindung
zu neuen Orten, die mir auf meinem Weg noch begegnen werden, ist
aber auch ein Schwelle, an der ich wieder einmal Abschied nehme
von einer Zeit der intensiven Recherche, der endlos vielen Bilder, die
gesichtet und ausgewählt werden wollten, der Notizen und Gespräche
mit meinem Mann auf der Suche nach den richtigen Worten für meine
Erlebnisse an den Orten der Stille und inneren Einkehr. Der Abschluss
eines Buches ist auch immer wieder eine Rückkehr und ein Neuanfang.
Jedes Mal lasse ich einen Teil von mir zurück und jedes Mal begegnen
mir wieder neue Menschen, die dieses Buch gelesen und erlebt haben.

Wenn dann die Texte und Bilder gedruckt und gebunden sind, heißt es loszulassen, mein Buch, meine Gedanken, Erlebnisse und Gefühle in die Welt hinauszuschicken. Dabei wünsche ich mir, anderen Menschen etwas davon abzugeben.

Am Fuchstörle habe ich mich unter die Naturbrücke in das wunderbar weiche Herbstlaub gesetzt. „Es ist geschafft!", eine große Zufriedenheit breitet sich in mir aus. Die letzten Bilder, die letzten Notizen, die letzten Zeilen für dieses Buch. Alles um mich herum, die herbstlichen Bäume, die Zugvögel am Himmel, die letzten blühenden Blumen, der deutlich kühlere Wind, ist Abschied.

Die Stufen auf dem Weg zum Fuchstörle. Ein Sinnbild?

Für einige Momente spüre ich die Leere in mir, die bleibt, wenn eine intensive Zeit zu Ende geht. Aber es ist keine bedrohliche Leere, es fühlt sich eher wie Stille und Zufriedenheit an. Ich genieße diesen wundersamen Platz in vollen Zügen, nehme ihn als jahrtausendealten

Abschied an einem wundersamen Ort der Stille und Ruhe

Siedlungsplatz der Steinzeitjäger war, die in der näheren Umgebung Pfeilspitzen und andere Gegenstände zurückgelassen haben, als sie den Herden Richtung Norden folgten. Ich nehme die starken Wasserströme wahr, die hier vor tausenden von Jahren die Höhlen immer weiter ausschwemmten und sie irgendwann mithilfe von Eis und Wind zum Einsturz brachten. Und ich nehme mich war, wie ich unter der Brücke sitze, auf der einen Seite das Alte verabschiede und vielleicht bald auf der anderen Seite das Neue begrüße.

Wohin mich mein weiterer Weg führen wird, kann und will ich in diesem Moment nicht wissen. Die Wege der vergangenen Monate, zu den Orten der Stille, die Begegnungen mit den wundersamen Orten meiner Kindheit und Jugend haben mir für vieles in meinem Leben neue Sichtweisen und Perspektiven eröffnet. Das Aushalten der inneren und äußeren Stille ist eine Erfahrung und Chance, die ich nicht mehr missen möchte. Mir ist bewusst geworden, wie wichtig Erholungspausen für meine Seele sind. Dabei meine ich nicht die perfekte Kur mit inneren und äußeren Anwendungen, den Jahresurlaub mit Kind und Kegel, sondern die kleinen Haltepunkte und Orte, die ich aus meinem Alltag heraus erreichen kann.

In der Umgebung
Vom Fuchstörle aus kann man sehr schöne Spaziergänge und Wanderungen zu Quellen, Brunnen, kleinen Kapellen und in die faszinierende Natur unternehmen. Auf der Webseite der Stadt Ehingen stehen mehrere Tourenvorschläge zum Herunterladen oder zum Bestellen bereit. (www.ehingen.de).

Wegbeschreibung
Von Münsingen aus auf der B456 in Richtung Ehingen fahren. In Altsteußlingen rechts abbiegen und der Beschilderung nach Mühlen/Kirchen folgen. Oben im Wald gelangt man an eine Gabelung. Nun den linken Schotterweg den Berg hinunter wählen. In Mühlen angekommen, den Ort durchfahren und auf dem Wanderparkplatz auf der linken Seite circa 500 Meter hinter Mühlen parken. Jetzt nach rechts auf dem Wanderweg bis zur Kurve gehen, hier die Straße überqueren und auf dem Waldweg kurz nach rechts gehen und dann nach links (Wegweiser mit Hinweis auf das Fuchstörle beachten) den Berg hinaufsteigen. Der Weg führt direkt am Fuchstörle vorbei.

„Schweiget der Menschen laute Lust:
Rauscht die Erde wie in Träumen
Wunderbar mit allen Bäumen,
Was dem Herzen kaum bewußt,
Alte Zeiten,
Lindetrauer,
Und es schweifen leise Schauer
Wetterleuchtend durch die Brust."
Joseph Freiherr von Eichendorff (1788 – 1857)

Tourismusadressen
und Tipps aus der Region

Tourismusadressen

Bürger- und Verkehrsverein Tübingen (BVV)
An der Neckarbrücke 1, 72072 Tübingen
Telefon: 0 70 71 / 91 36 - 0
Telefax: 0 70 71 / 3 50 70
E-Mail: mail@tuebingen-info.de
www.tuebingen-info.de

Fremdenverkehrsgemeinschaft Mythos Schwäbische Alb
Postfach 1206, 72563 Bad Urach
Telefon 0 71 25 / 94 32-0,
Telefax 0 72 25 / 94 32 22
E-Mail: info@badurach.de
www.mythosschwaebischealb.de

Schwäbische Alb
Tourismusverband
Marktplatz 1, 72574 Bad Urach
Telefon: 0 71 25 / 94 81 06,
Telefax 0 71 25 / 94 81 08
E-Mail: info@schwaebischealb.de
www.schwaebischealb.de

Alb-Donau-Kreis Tourismus
Schillerstrasse 30, 89077 Ulm
Telefon: 07 31 / 1 85-0,
Telefax: 07 31 / 1 85-13 04
E-Mail: wirtschaft@alb-donau-kreis.de
www.tourismus.alb-donau-kreis.de

Weitere nützliche und interessante Adressen

Entdecken Sie Natur- und Kulturlandschaften
www.reiseziel-natur.de

Portal zum Biosphärengebiet Schwäbische Alb
www.biosphaerengebiet-alb.de

AlbhofTour-Landleben zu Fuß und mit dem Fahrrad erleben
www.albhoftour.de

Portalseite zum Großen Lautertal
www.grosses-lautertal-alb.de

Öffentlicher Nahverkehr und Freizeittipps
www.naldo.de, www.efa-bw.de

Mit der Schwäbischen Albbahn unterwegs
www.schwaebische-alb-bahn.com

Portalseite Nationaler Geopark Schwäbische Alb
www.geopark-alb.de

Schwäbischer Albverein
www.albverein.de

Naturfreunde und Naturfreundehäuser
www.naturfreunde.de

Geführte Naturerlebnistouren auf der Alb
www.alb-guide.de

Die Schwäbische Alb mit dem Pferd erleben
www.wanderreiten-alb.de

Wandertipps rund um Ehingen / Donau
und Informationen zur Region
www.ehingen.de

Weitere Bücher über die Schwäbische Alb und aus der Region
www.oertel-spoerer.de

Literaturangaben
und Bildnachweis

Expedition Schwäbische Alb, Hauptwanderweg 5
Wandern, Erleben und Genießen für den Naturschutz
1. Auflage, Oertel + Spörer, Reutlingen
ISBN: 978-3-88627-290-7

Streifzüge am Rande Midgards
Wolf-Dieter Storl
1. Auflage 2006, KOHA-Verlag GmbH, Burgrain
ISBN: 978-3-936862-86-7

Kelten, Kulte, Anderswelten
Doris Benz, Ben Schreger
1. Auflage 2003, Verlag Freya, Linz
ISBN: 3-902134-14-3

Mythos Baum
Doris Laudert
5., erweiterte Auflage 2003,
BLV Verlagsgesellschaft mbh, München
ISBN: 3-405-16640-3

Der Landkreis Reutlingen Band 1 und Band 2
1. Auflage 1997, Jan Thorbecke Verlag, Sigmaringen
ISBN: 3-7995-1357-4

Orts- und Flurnamen in Württemberg
Walther Keinath
Verlag Schwäbischer Albverein e.V., 1951

Der Runde Berg bei Urach
Führer zu archäologischen Denkmälern in Baden-Württemberg
1991, Konrad Theiss Verlag, Stuttgart
ISBN: 3-8062-0887-5

Verborgenes ans Licht geholt
Idyllen und Kleinode in den Ehinger Teilgemeinden
Herausgeber Stadt Ehingen, Arbeitskreis Umwelt
Erhältlich bei Stadtverwaltung Ehingen,
Marktplatz 1
89584 Ehingen/Donau

Viele Zitate und Sprüche haben sich im Lauf der Zeit in meinem Zettelkasten angesammelt oder ich bin bei Recherchen im Internet „darübergestolpert". Mir sind zu diesen Texten trotz gewissenhafter Recherche keine Rechteinhaber bekannt.

Bildnachweis

Alle Bilder in diesem Buch wurden von Ursel Maichle-Schmitt
fotografiert und bearbeitet.

Stichwortregister

Mein besonderer Dank

Nun geht auch dieses Buch mit vielen Gedanken, Gefühlen und Erlebnissen in die Welt und viele Menschen waren daran beteiligt, haben ihren besonderen Anteil daran, dass Worte und Bilder zusammengefunden haben. Mein Dank an diese Menschen ist keine Höflichkeitsfloskel oder Pflichtübung. Er kommt aus dem Herzen . . .

Mein besonderer Dank gilt Annegret Wehland, ohne die dieses Buch vermutlich nie fertig geworden wäre. Sie hat mir mit Frau Förder eine Lektorin zur Seite gestellt, die mit viel Einfühlungsvermögen, manches im Buch verständlicher machen konnte. Ich freue mich über den Beginn dieser wertvollen und fruchtbaren Zusammenarbeit. Herzlichen Dank an Frau Masche und Frau Schwolow für Tipps, Korrekturen und viele Rückmeldungen.

Ein besonderer Dank auch an Alexander Herrmann, dem „Vater" des „Kraftorte-Buches", ohne den ich vielleicht nie den Mut gehabt hätte, meine Erlebnisse aufzuschreiben.

Herzlichen Dank an meine Familie, die auch bei diesem Buch mir die notwendige Zeit schenkte, um alle Bilder und Worte zu sammeln. Und ganz besonders an Frank, der es immer wieder schafft, Ordnung und Schönheit in mein Chaos zu bringen!

„Ein Ende bedeutet,
einen neuen Anfang zu wagen."
(unbekannt)